高空作业车
作业安全技术

国网浙江省电力有限公司　组编

中国电力出版社
CHINA ELECTRIC POWER PRESS

内 容 提 要

　　全书共六章，主要内容包括安全生产法律法规常识、电力高空作业基本知识、高空作业车作业基础知识、高空作业车安全技术、高空作业车安全管理、高空作业车交通安全及起重指挥等，全面阐述高空作业车在电力生产作业过程中的操作流程、安全技术和相关基本知识。

　　本书适用于输电线路安装检修、配网安装检修、道路照明安装检修、配网带电作业、农网带电作业及检修、变电安装检修等高空作业车的操作人员、工程施工作业人员、驾驶员学习和使用，也可作为电力管理人员和相关专业人员的参考书。

图书在版编目（CIP）数据

高空作业车作业安全技术/国网浙江省电力有限公司组编. —北京：中国电力出版社，2021.10
ISBN 978-7-5198-5876-6

Ⅰ. ①高…　Ⅱ. ①国…　Ⅲ. ①高空作业车–安全技术　Ⅳ. ①U469.6

中国版本图书馆 CIP 数据核字（2021）第 156396 号

出版发行：中国电力出版社
地　　　址：北京市东城区北京站西街 19 号（邮政编码 100005）
网　　　址：http://www.cepp.sgcc.com.cn
责任编辑：刘丽平　王蔓莉
责任校对：黄　蓓　王海南
装帧设计：张俊霞
责任印制：石　雷

印　　刷：北京天宇星印刷厂
版　　次：2021 年 10 月第一版
印　　次：2021 年 10 月北京第一次印刷
开　　本：710 毫米×1000 毫米　16 开本
印　　张：10.75
字　　数：191 千字
印　　数：0001—1000 册
定　　价：45.00 元

编 委 会

主　编　费春明

副主编　赵志勇　吴　涛

参　编　丰雯雯　丰　敏　黄旭骏　郦铁锋

前言

随着电力工业的迅猛发展，电力企业和大型电力施工企业对输电线路检修抢修、配网带电作业、变电所施工安装检修、配网（农网）检修抢修、城市道路照明等在原有施工检修条件下大胆创新，采用新材料、新技术、新工艺，并使用先进的施工设备，其中高空作业车在电力施工企业中的应用越来越广泛。因此，提高高空作业车作业人员的操作技能及安全生产技能水平势在必行。

本书作者深入地市电力公司、县电力公司实际调研，听取意见和建议，收集现场高空作业车作业安全操作技能、作业项目操作安全规范和安全注意事项等方面资料，经过几年的教学培训、经验总结，将本书整理出版。本书可作为电力生产技术类专业培训教材，内容结合生产现场和实际案例，尽量做到深入浅出、层次分明，可用于电力一线员工、电力管理人员和相关专业人员学习使用。

国网浙江省电力有限公司杭州电力公司、宁波电力公司、绍兴电力公司、金华电力公司等单位在收集资料过程中给予了大力支持和帮助，在此对有关单位深表感谢。

鉴于时间仓促，书中难免存在不足之处，敬请广大读者批评指正。

编　者

2021 年 7 月

目录

第一章 安全生产法律法规常识

安全生产是保证经济建设持续、稳定、协调发展和社会安定的基本条件，是社会文明进步的重要标志。为了实现电力企业的安全生产，电力企业必须贯彻"以人为本，坚持安全发展，坚持安全第一、预防为主、综合治理"的安全生产方针。电力企业全体员工必须正确认识安全与生产的关系，安全促进生产，生产必须安全，牢记安全生产是电力企业永恒的主题。登高作业危险性高，容易发生人员伤亡事故。一旦发生事故，往往损失巨大，危害严重。学习和掌握必要的安全生产法律、法规知识是登高作业人员提高自身安全素质的一门必修课。

第一节 安全生产法律法规与相关制度

以《中华人民共和国安全生产法》为核心，以有关法律、行政法规、地方性法规、规章和技术规程、标准为依托的安全生产法律体系层级如图 1-1 所示。

一、安全生产法律法规相关条款

（一）中华人民共和国宪法

《中华人民共和国宪法》是国家的根本大法，具有最高的法律效力，是我国安全生产法规体系的最高层级。《中华人民共和国宪法》第 42 条规定："中华人民共和国公民有劳动的权利和义务。国家通过各种途径，创造劳动就业条件，加强劳动保护，改善劳动条件，并在发展生产的基础上，提高劳动报酬和福利待遇。"

《中华人民共和国宪法》第 43 条规定："中华人民共和国劳动者有休息的权

利。国家发展劳动者休息和休养的设施,规定职工的工作时间和休假制度。"

上述《中华人民共和国宪法》的条款是我国在安全生产方面工作的原则性规定。

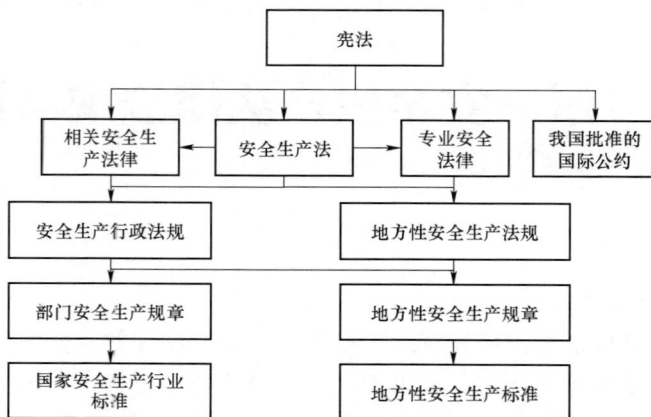

图 1-1　安全生产法律体系层级示意图

（二）中华人民共和国刑法

全国人民代表大会常务委员会 2017 年 11 月 4 日公布并实施的《中华人民共和国刑法》（修正）第一百三十四条规定:"在生产、作业中违反有关安全管理的规定,因而发生重大伤亡事故或者造成其他严重后果的,处三年以下有期徒刑或者拘役;情节特别恶劣的,处三年以上七年以下有期徒刑。""强令他人违章冒险作业,因而发生重大伤亡事故或者造成其他严重后果的,处五年以下有期徒刑或者拘役;情节特别恶劣的,处五年以上有期徒刑。"

《中华人民共和囯刑法》（修正）第一百三十五条规定:"安全生产设施或者安全生产条件不符合国家规定,因而发生重大伤亡事故或者造成其他严重后果的,对直接负责的主管人员和其他直接责任人,处三年以下有期徒刑或者拘役;情节特别恶劣的,处三年以上七年以下有期徒刑。"

《中华人民共和国刑法》（修正）第一百三十九条规定:"在安全事故发生后,负有报告职责的人员不报告或者谎报事故情况,贻误事故抢救,情节严重的,处三年以下有期徒刑或者拘役;情节特别恶劣的,处三年以上七年以下有期徒刑。"

（三）《中华人民共和国安全生产法》

为保障人民群众的生命财产安全,有效遏制生产安全事故的发生,我国颁布了以《中华人民共和国安全生产法》为代表的一系列法律法规,形成以"以

2

人为本，坚持安全发展，坚持安全第一、预防为主、综合治理"为方针的系列法律制度，如安全生产监督管理制度、生产安全事故报告制度、事故应急救援与调查处理制度、事故责任追究制度等，从法律上保证了安全生产的顺利进行。

《中华人民共和国安全生产法》自 2014 年 12 月 1 日起在全国施行，这是我国第一部全面规范安全生产的专门法律，是我国安全生产法律体系的主体法。

《中华人民共和国安全生产法》的立法宗旨是加强安全生产监督管理，防止和减少生产安全事故，保障人民群众生命和财产安全，促进经济社会持续健康发展。《中华人民共和国安全生产法》确立了安全生产监督管理、生产经营单位安全保障、生产经营单位负责人安全生产责任、从业人员的安全生产权利和义务、安全中介服务、安全生产责任追究、事故应急和处理等七项基本法律制度。这七项基本法律制度集中体现了《中华人民共和国安全生产法》的主要内容。贯穿《中华人民共和国安全生产法》的主线是重视和保护人的生命权。只有充分重视和发挥人在生产经营活动中的主观能动性，最大限度地提高从业人员的安全素质，才能把不安全因素和事故隐患降到最低限度，预防和减少人员伤亡。

登高架设作业是为其他作业人员提供安全必要条件的作业，如脚手架的搭设、使用和拆除，不仅关系架子工自身的安全，更重要的是使用架子人员的安全。高处安装、维修作业人员正确使用登高作业工具或登高设施，严格按操作规程的规定进行作业，与自身安全、他人安全紧密相连。以人为本，关注安全，关爱生命，学法、懂法、守法、依法进行作业，是从事登高作业人员对自己及家庭、对他人及其家庭、对企业、对国家高度负责的表现。

（四）《中华人民共和国劳动法》

1994 年 7 月 5 日，第八届全国人民代表大会常务委员会第八次会议通过了《中华人民共和国劳动法》，并于 1995 年 1 月 1 日起施行，2018 年 12 月 29 日，第十三届全国人民代表大会常务委员会第七次会议通过对《中华人民共和国劳动法》的修改。《中华人民共和国劳动法》的立法目的是保护劳动者的合法权益，调整劳动关系，建立和维护适应社会主义市场经济的劳动制度，促进经济发展和社会进步。

特种作业人员需要掌握《中华人民共和国劳动法》的以下内容：

（1）第五十四条："用人单位必须为劳动者提供符合国家规定的劳动安全卫生条件和必要的劳动防护用品，对从事有职业危害作业的劳动者应当定期进行健康检查。"

（2）第五十五条："从事特种作业的劳动者必须经过专门培训并取得特种作业资格。"

（3）第五十六条："劳动者在劳动过程中必须严格遵守安全操作规程。劳动者对用人单位管理人员违章指挥、强令冒险作业，有权拒绝执行；对危害生命安全和身体健康的行为，有权提出批评、检举和控告。"

从中可以看出，特种作业人员必须取得特种作业资格，即拿到特种作业资格证（技术等级证）才能上岗。

（五）《中华人民共和国职业病防治法》

《中华人民共和国职业病防治法》的立法目的：预防、控制和消除职业病危害，防治职业病，保护劳动者健康及其相关权益，促进经济发展。

特种作业人员需要掌握《中华人民共和国职业病防治法》的以下内容：

第四条规定："用人单位应当为劳动者创造符合国家职业卫生标准和卫生要求的工作环境和条件，并采取措施保障劳动者获得职业卫生保护。"

第七条规定："用人单位必须依法参加工伤保险。"

第十五条规定："产生职业病危害的用人单位的设立除应当符合法律、行政法规规定的设立条件外，其工作场所还应当符合下列职业卫生要求：

（1）职业病危害因素的强度或者浓度符合国家职业卫生标准。

（2）有与职业病危害防护相适应的设施。

（3）生产布局合理，符合有害与无害作业分开的原则。

（4）有配套的更衣间、洗浴间、孕妇休息间等卫生设施。

（5）设备、工具、用具等设施符合保护劳动者生理、心理健康的要求。

（6）法律、行政法规和国务院卫生行政部门关于保护劳动者健康的其他要求。"

第三十一条规定："任何单位和个人不得将产生职业病危害的作业转移给不具备职业病防护条件的单位和个人。不具备职业病防护条件的单位和个人不得接受产生职业病危害的作业。"

第三十三条规定："用人单位与劳动者订立劳动合同（含聘用合同，下同）时，应当将工作过程中可能产生的职业病危害及其后果、职业病防护措施和待遇等如实告知劳动者，并在劳动合同中写明，不得隐瞒或者欺骗。

劳动者在已订立劳动合同期间因工作岗位或者工作内容变更，从事与所订立劳动合同中未告知的存在职业病危害的作业时，用人单位应当依照前款规定，向劳动者履行如实告知的义务，并协商变更原劳动合同相关条款。

用人单位违反前两款规定的，劳动者有权拒绝从事存在职业病危害的作业，用人单位不得因此解除或者终止与劳动者所订立的劳动合同。"

第三十五条规定："对从事接触职业病危害的作业的劳动者，用人单位应当按照国务院卫生行政部门的规定组织上岗前、在岗期间和离岗时的职业健康检查，并将检查结果如实告知劳动者。职业健康检查费用由用人单位承担。"

第三十九条规定："劳动者享有下列职业卫生保护权利：

（1）获得职业卫生教育、培训。

（2）获得职业健康检查、职业病诊疗、康复等职业病防治服务。

（3）了解工作场所产生或者可能产生的职业病危害因素、危害后果和应当采取的职业病防护措施。

（4）要求用人单位提供符合防治职业病要求的职业病防护设施和个人使用的职业病防护用品，改善工作条件。

（5）对违反职业病防治法律、法规以及危及生命健康的行为提出批评、检举和控告。

（6）拒绝违章指挥和强令进行没有职业病防护措施的作业。

（7）参与用人单位职业卫生工作的民主管理，对职业病防治工作提出意见和建议。

用人单位应当保障劳动者行使前款所列权利。因劳动者依法行使正当权利而降低其工资、福利等待遇或者解除、终止与其订立的劳动合同的，其行为无效。"

（六）电力法

《中华人民共和国电力法》自 1996 年 4 月 1 日起施行，2018 年 12 月 29 日第十三届全国人民代表大会常务委员会第七次会议对《中华人民共和国电力法》作出修改。与《中华人民共和国电力法》相配套，《电力供应与使用条例》《供用电监督管理办法》《用电检查管理办法》《供电营业规则》《供电营业区划分及管理办法》《居民用户家用电器损坏处理办法》《电力行业标准化管理办法》等法规、规章陆续颁布实施。加上《中华人民共和国电力法》颁行前已制定的《电力设施保护条例》和《电网调度管理条例》，初步形成了以《中华人民共和国电力法》为龙头、电力行政法规、电力地方性法规和电力规章等相配套的电力法律、法规体系。为适应市场经济的要求和变化的情况，国务院于 1998 年 1 月 7日、2011 年 1 月 8 日对《电力设施保护条例》进行了修订并重新颁布施行。电力法律、法规体系的初步建立和逐步完善，为保证电力安全运行，维护正常的供用电秩序，维护电力投资者、经营者和使用者的合法权益，保障和促进电力工业的改革和发展，促进国民经济发展和满足人民生活需要，产生了积极而深远的影响。

（七）《工伤保险条例》

特种作业人员需要掌握《工伤保险条例》的以下内容：

第二条规定："中华人民共和国境内的企业、事业单位、社会团体、民办非企业单位、基金会、律师事务所、会计师事务所等组织和有雇工的个体工商户（以下称用人单位）应当依照本条例规定参加工伤保险，为本单位全部职工或者雇工（以下称职工）缴纳工伤保险费。

中华人民共和国境内的企业、事业单位、社会团体、民办非企业单位、基金会、律师事务所、会计师事务所等组织的职工和个体工商户的雇工，均有依照本条例的规定享受工伤保险待遇的权利。"

第四条规定："用人单位应当将参加工伤保险的有关情况在本单位内公示。……

职工发生工伤时，用人单位应当采取措施使工伤职工得到及时救治。"

二、安全生产相关制度和规定

（一）安全生产责任制度

安全生产责任制是根据安全生产法律、法规建立的各级领导、职能部门、工程技术人员、岗位操作人员的安全生产层层负责的制度，是保证安全生产的重要的组织措施。其中有关生产工人安全职责，主要是应自觉地遵守安全生产规章制度，不违章作业，并且要随时制止他人违章作业，积极参加安全生产的各种活动，主动提出改进安全生产的意见，爱护和正确使用机器设备、工具和个人防护用品等。建立和健全安全生产责任制，做到职责分明、安全工作有人负责，切实贯彻执行国家的安全生产方针、政策和安全生产法律、法规，预防和减少各类事故和职业性疾病的发生。

（1）"四不放过"原则即：事故原因和性质不查清不放过；防范措施不落实不放过；事故责任者和职工群众未受到教育不放过；事故责任者未受到处理不放过。一旦发生事故，在处理时实施"四不放过"原则，是为了对发生的事故找出原因，惩前毖后，吸取教训，采取措施，防止事故再发生。坚持"四不放过"，虽然是"亡羊补牢"之举，但就防止事故再次发生来说，同样体现了预防为主的精神。

（2）《建设工程安全生产管理条例》经 2003 年 11 月 12 日国务院第三次 28 次常务会议通过，自 2004 年 2 月 1 日起施行。该条例是一部关于土木工程、建筑工程、线路管道和设备安装工程及装修工程安全生产管理的重要行政法规。该条例依据《中华人民共和国建筑法》和《中华人民共和国安全生产法》，确立了企业安全生产和政府监督管理的基本制度，规定了参与建设的各方主体的安全责任和义务，明确了各类作业人员、特种作业人员安全与健康的合法权益。该条例中有关施工机械设备、脚手架工程、作业人员安全要求等内容，值得高处作业人员认真学习、领会，并严格执行。

（3）《生产安全事故报告和调查处理条例》是《中华人民共和国安全生产法》的重要配套法规，2007 年 3 月 28 日经国务院 172 次常务会议通过，同年 6 月 1 日起施行。该条例对事故定义、事故分类、事故报告、事故抢救、事故调查组的组成、整改落实等，都有明确规定。有关人员应当履行事故报告和事故救援义务：

1）"事故发生后，事故现场有关人员应当立即向本单位负责人报告；单位负责人接到报告后，应当于 1 小时内向事故发生地县级以上人民政府安全生产监督管理部门和负有安全生产监督管理职责的部门报告。"

2）"事故发生后，有关单位和个人应当妥善保护事故现场及相关证据，任何单位和个人不得破坏事故现场、毁灭相关证据。"

3）"因抢救人员、防止事故扩大以及疏通交通等原因，需要移动事故物件的，应当做出标志，绘制现场简图并做出书面记录，妥善保存现场重要痕迹、物证。"

（二）生产安全事故责任人员的法律责任

《中华人民共和国安全生产法》明确规定，"国家实行生产安全责任追究制度，依照安全生产法和有关法律、法规的规定，追究生产安全事故责任人员的法律责任"。

"三违"违章指挥、违章作业、违反劳动纪律，是造成生产安全事故的主要原因之一，对公民的人身安全和财产安全有重大威胁和极大的侵害性。据统计，生产过程中发生的事故，由"三违"造成的占 70%以上。

发生"三违"的原因主要是一些员工的法制观念淡薄，片面追求经济效益，而且多数是明知故犯，有法不依，有章不循，冒险作业，严重违反技术规范和技术标准；也有少数人是因为思想麻痹、松懈，骄傲自满，凭所谓"经验"作业，违背安全生产规定和作业规程。

相关法律、法规对不履行规定的安全生产职责，导致发生生产安全事故的单位和责任人，有明确的处理规定，例如：《中华人民共和国安全生产法》第九十四条规定："生产经营单位有下列行为之一的，责令限期改正，可以处五万元以下的罚款；逾期未改正的，责令停产停业整顿，并处五万元以上十万元以下的罚款，对其直接负责的主管人员和其他直接责任人员处一万元以上二万元以下的罚款：

（1）未按照规定设置安全生产管理机构或者配备安全生产管理人员的。

（2）危险物品的生产、经营、储存单位以及矿山、金属冶炼、建筑施工、道路运输单位的主要负责人和安全生产管理人员未按照规定经考核合格的。

（3）未按照规定对从业人员、被派遣劳动者、实习学生进行安全生产教育和培训，或者未按照规定如实告知有关的安全生产事项的。

（4）未如实记录安全生产教育和培训情况的。

（5）未将事故隐患排查治理情况如实记录或者未向从业人员通报的。

（6）未按照规定制定生产安全事故应急救援预案或者未定期组织演练的。

（7）特种作业人员未按照规定经专门的安全作业培训并取得相应资格，上岗作业的。"

《中华人民共和国安全生产法》第九十六条规定："生产经营单位有下列行为之一的，责令限期改正，可以处五万元以下的罚款；逾期未改正的，处五万元以上二十万元以下的罚款，对其直接负责的主管人员和其他直接责任人员处一万元以上二万元以下的罚款；情节严重的，责令停产停业整顿；构成犯罪的，依照刑法有关规定追究刑事责任：

（1）未在有较大危险因素的生产经营场所和有关设施、设备上设置明显的安全警示标志的。

（2）安全设备的安装、使用、检测、改造和报废不符合国家标准或者行业标准的。

（3）未对安全设备进行经常性维护、保养和定期检测的。

（4）未为从业人员提供符合国家标准或者行业标准的劳动防护用品的。

（5）危险物品的容器、运输工具，以及涉及人身安全、危险性较大的海洋石油开采特种设备和矿山井下特种设备未经具有专业资质的机构检测、检验合格，取得安全使用证或者安全标志，投入使用的。

（6）使用应当淘汰的危及生产安全的工艺、设备的。

（三）国家电网公司劳动保护七项措施（摘要）

1.1.36　采用高架绝缘斗臂车进行带电作业，先检查绝缘臂为合格状态。严禁一个斗内两名作业人员同时接触电源作业，防止作业人员触电。

1.1.49　在高压线附近进行勘测、施工作业时，使用的测量、钻探和施工工具、设备应与高压线保持足够的安全距离。

1.2.1　经医生诊断，患有高血压、心脏病、贫血病、癫痫病、糖尿病以及患有其他不宜从事高处作业和登高架设作业病症的人员，不允许参加高处作业。

1.2.2　发现现场工作人员有饮酒、精神不振、精力不集中等症状时，禁止登高作业。

1.2.3　高处作业应使用安全带（绳），安全带（绳）使用前应进行检查，并定期进行试验。高处作业人员应衣着灵便，宜穿软底鞋。

1.2.5　安全带（绳）应挂在牢固的构件上或专为挂安全带用的钢丝绳上，安全带应高挂低用，禁止系挂在移动或不牢固的物件上。

1.2.11　使用绝缘斗臂车作业，必须先检查绝缘臂为合格状态，在绝缘斗中的作业人员应正确使用安全带和绝缘工具。

1.4.1　任何人进入生产现场（办公室、控制室、值班室和检修班组室除外），应戴合格的安全帽，并要扎紧系好下颚带。企业应制定职工安全帽佩戴场所的具体要求和管理规定。

1.4.2　在高处作业现场，工作人员不得站在作业处的垂直下方，高空落物区不得有无关人员通行或逗留。在行人道口或人口密集区从事高处作业，工作点下方应设围栏或其他保护措施。

7.1.1　驾驶员应严格执行《中华人民共和国道路交通安全法》及国家电网公司有关规定，每天出车前、后应对车辆进行安全性能方面的全面检查，并作详细记录，杜绝病车上路。不得驾驶安全设施不全或者有安全隐患的机动车，确保行车安全。

7.1.3　机动车行驶至有人看守路口、交叉路口、装卸作业、人行稠密地段、下坡道、设有警告标志处或转弯、调头时，货运汽车载运易燃、易爆等危险货物时，应当减速或者停车，在确认安全后通过。

7.1.4　机动车行驶至积水路段、无人看守路口或机动车行经人行横道时，应当减速行驶；遇行人正在通过人行横道，应当停车让行。

7.1.5　夜间行驶或者在容易发生危险的路段行驶，以及遇有沙尘、冰雹、雨、雪、雾、结冰等气象条件时，应当降低行驶速度。

7.1.9　机动车在道路上发生故障，需要停车排除故障时，驾驶人应当立即开启危险报警闪光灯，将机动车移至不妨碍交通的地方停放；难以移动的，应当持续开启危险报警闪光灯，警告标志应当设置在故障车来车方向150m以外，车上人员应当迅速转移到右侧路肩上或者应急车道内，并且迅速报警。

7.1.10　严禁驾驶员边开车边打手机或查看短信息。必要时，应选择安全地点靠右暂停，电话联系结束后，再集中精神驾驶。

7.1.12　驾驶员和乘坐人员在车辆行驶途中应按规定使用安全带。

7.1.13　乘车人员严禁在车上玩耍、吵闹或与司机闲聊，影响司机驾驶，严禁向车外扔杂物。

7.2.3　变电站进行新、扩建施工时，应对运输道路进行硬化处理。车辆进入基建施工现场时，应将时速限制在 15km/h 以内。机动车在进出厂房、仓库大门、停车场、加油站、危险地段、生产现场、倒车时，时速不得超过 5km/h。

7.2.7　翻斗车、铲车、自卸车、吊重汽车等除驾驶室外，一律不准载人（包括操作室）。

7.2.9　施工作业需占用机动车道时，必须在来车方向前 50m 的机动车道上设置交通警示牌（若施工作业需占用高速公路车道时，必须在来车方向前 150m 的车道上设置交通警示牌），并将工作现场围蔽。夜间不能恢复道路原来状态时，应在警示牌上方悬挂红色警示灯。

7.2.10　在公路或公路旁进行施工作业的工作人员，必须穿反光衣。路面应设置警示标志，机动车周围设围栏。

（四）安全技术标准与规范

登高架设作业不仅应遵循有关法律、法规，还须遵守相应的技术标准、规范、规程。国家标准、行业标准、地方标准、企业标准以及各行各业的技术规范和操作规程都具有相应的法律效力，不得违反。

建筑登高架设作业人员应当严格按照 JGJ 130—2011《建筑施工扣件式钢管脚手架安全技术规范》、JGJ 28—2010《建筑施工门式钢管脚手架安全技术》、JGJ 164—2008《建筑施工木脚手架安全技术规范》、JGJ 59—2011《建筑施工安全检查标准》、JGJ 80—2016《建筑施工高处作业安全技术规范》等等现行安全技术规范以及相关行业的安全规程进行作业。

安装、维修登高作业人员应当按照相关行业制度的高处作业安全技术规程、工艺操作规程正确进行操作。

此外，登高作业人员应该注意更新知识，及时学习、掌握与本工种、本岗位有关的新型安全技术知识和操作技能。

三、电力登高作业特种作业人员资格

电力登高作业主要包括建筑登高架设作业、安装维修登高架设作业、高空作业车作业等操作项目。从事这类项目操作的作业人员必须符合相关法律法规对特种作业人员上岗条件的规定，必须持证上岗。电力登高作业人员必须具备以下基本条件：

（1）年龄满十八周岁。

（2）身体健康，无妨碍从事相应作业的疾病和生理缺陷。

（3）具有初中以上文化程度。

（4）熟悉本行业作业的安全技术知识和技能。

（5）参加专门安全技术理论培训和实际操作考核，成绩合格。

（6）符合本行业登高作业特点需要的其他条件。

《中华人民共和国安全生产法》规定"生产经营单位的特种作业人员必须按照国家有关规定经专门的安全作业培训，取得相应资格，方可上岗作业。"这就是特种作业人员应有两种资格证书才能上岗，即：特种作业资格证（指表明技术等级的本工种职业资格证）和特种作业操作资格证（指安全生产培训合格后取得的中华人民共和国特种作业操作证）。

《中华人民共和国建筑法》规定"从事建筑活动应当遵守法律、法规，不得损害社会公共利益和他人的合法权益。"建立和健全劳动安全生产教育培训制度，加强对从业人员的安全生产教育培训，做到"未经安全生产教育培训的人员，不得上岗作业。"脚手架是建筑行业和其他行业进行高处作业时常用的登高作业重要操作辅助平台、临时堆放材料的支架和短距离水平运输的通道。脚手架的搭设、拆除以及利用脚手架进行登高作业，均属于高处作业，危险性较大，容易发生人身伤害事故。据统计，从脚手架上坠落的事故占高处坠落事故的50%。脚手架的倒塌，常常造成群死群伤。架子工的技术水平和安全责任心，对脚手架的安全与质量，有直接关系。所以，必须高度重视脚手架搭设人员的安全技术培训。

广播、电视、通信、电力等行业，在杆、塔、桅及架上进行的架设、安装、维修等空中作业的人员，也应按照主管部门的规定，经过专门的安全和考核，取得上岗操作证书，方可从事登高作业。

从事登高作业的特种作业人员，除了在独立上岗作业之前，必须进行与本工种相适应的、专门的安全技术理论学习和实际操作训练与考核，取得《特种作业人员操作证》后上岗作业外，还必须参加每两年一次的复审。

复审培训包括：① 学习有关安全生产的法律、法规；② 学习作业人员的安全职责、权利和义务；③ 学习登高作业标准、规程；④ 学习登高作业方面的新技术、新工艺、新材料；⑤ 学习典型事故案例。通过回顾总结上次取证后个人安全生产情况和经验教训，使登高作业人员始终保持良好的职业素质和安全意识。

四、高处作业人员的一般要求

高处作业人员的一般要求是：① 要经过体检并应定期体检，未患高血压、心脏病、贫血、癫痫病以及其他不适合高处作业的病症；② 经过相关作业的安全技术教育和高处作业安全知识教育，特种作业人员还须持证上岗；③ 必须穿紧身衣、防滑鞋，配带工具袋，并应按规定正确佩戴和使用安全帽、安全带等个人安全防护用品和用具；④ 饮酒后严禁从事高处作业；⑤ 必须严格遵守高处作业安全技术规范和本工种技术规定，特别是有关的强制性条款。

第二节　特种作业人员安全生产职业规范与岗位职责

安全生产职业规范与职业道德是密切联系的。每个从业人员，不论从事哪种职业，在职业活动中都应该遵守其基本的职业道德。对于特种作业人员，由于其本身工作的特殊性与危险性，严格按照岗位责任职责的要求做好本职工作是遵守职业道德的起码要求。

一、基本职业道德要求

1. 爱岗、尽责

爱岗就是热爱自己的岗位，热爱自己的职业。只要长期从事某一项职业，其职业特点就会和人的行为习惯慢慢融为一体，形成职业习惯。三百六十行，不管从事哪种职业，只要倾注自己的全部情感，全力以赴，持续努力，都有可能做出突出成绩，成为业界精英。

爱岗与尽责是统一的。尽责就是按照岗位的职业道德要求尽职尽责地完成自己的工作任务。爱岗不仅表现在情感上、语言上，更应该表现在工作过程中。对自己所承担的工作认真负责，一丝不苟，这就是尽责。

2. 文明、守则

文明是一种内在的品质，它表现在各个方面，工作、劳动中更能体现一个人的文明程度。工人也应该讲文明，没有文明的工人就不会有文明的工厂；没有高素质的工人就生产不出高质量的产品。

文明工厂、文明车间活动的推广已收到了明显的成效。但是文明工人、文明作业、文明现场的要求还没有得到充分的重视，实际上后者更为重要。因为后者是基础，基础工作做好了，文明车间、文明工厂是水到渠成的事，企业也能够长期受益，所以培养工人的文明道德观念应作为一项基本教育内容，常抓不懈。

守则指遵守上下班制度，遵守操作规程等。现代社会要求人们不管以前熟不熟悉，都要互相协作，遵守必要的规则。唯有如此，生产才能顺利进行，生活才能和谐有序。作为一个特种作业人员应当自觉克服自由散漫的小农生活意识，严格按制度、规程办事。

二、特种作业人员应当具备的职业道德

由于特种作业人员岗位的特殊性，在职业道德水准方面对其有更高的要求，具体内容如下：

1. 安全为公的道德观念

特种作业对操作者、对周围的人和物都有较大危险。例如电工作业、起重作业、爆破作业等，一旦发生事故，殃及的人和财物的范围广、损害大。所以，每个特种作业人员不仅要保证自身的安全，还要有安全为大家的道德观念，应该意识到自己的安全责任比别人更重，要求也应该更严。始终要牢记：一人把好关，大家得安全。这就是安全为公的道德观念。大家常说"安全为天"，作为一个特种作业人员应当把"天"字理解为：一个人承托着两重重大安全责任，一个是别人的（包括国家、集体财产）生命财产安全，一个是自己的生命财产安全。

2. 精益求精的道德观念

产品性能是否安全可靠，与加工质量、操作精度密切相关。特种作业人员对自己加工的产品在质量上、精度上应有更高的要求标准。特种作业的"特"字，不仅"特"在工作性质上，也应该"特"在工作要求上。精益求精是每一个特种作业人员应有的工作态度和道德观念。

3. 好学上进的道德观念

好学上进，是特种作业人员应当具备的又一道德品质。由于特种作业多数具有危险性、重要性和复杂性的特点，在挑选人员时需要提高素质标准。但仅如此还不够，为了保证长期胜任本职工作，特种作业人员还必须加强学习、善于钻研。通过学习，可以尽快掌握现有的设备、技术，为保证生产安全打下坚实的基础，而且在允许的条件下，还可以自己改进设备，使其达到本质安全型设备的要求。所以，作为一名特种作业人员，应当争取做工人中的"灰领"（在技术、能力等级上达到较高层次，属工人阶层中的精英），实现更高的人生价值，为企业为国家做出更多贡献。

三、特种作业人员安全生产岗位职责

建立和健全以安全生产责任制为中心的各项安全管理制度，是保障安全生产的重要手段。特种作业人员安全生产职责主要内容如下：

（1）认真执行有关安全生产规定，对所从事工作的安全生产负直接责任。

（2）各岗位专业人员必须熟悉本岗位全部设备和系统，掌握构造原理、运行方式和特性。

（3）在值班、作业中严格遵守安全操作的有关规定，并认真落实安全生产防范措施，不准违章作业，发现违章作业应制止，对违章作业要提出意见，并向有关领导或部门反映。

（4）严格遵守劳动纪律，不迟到、不早退，提前进岗做好班前准备工作，值班中未经批准，不得擅自离开工作岗位。

（5）工作中不做与工作任务无关的事情，不准擅自乱动与自己工作无关的机具设备和车辆。

（6）经常检查作业环境及各种设备、设施的安全状态，保证运行、检修设备的安全，以便及时发现问题及检查各种设备设施技术状况是否符合安全要求。当发现设备发生异常和缺陷时，应立即进行处理并及时联系汇报，不得让事态扩大。

（7）定期参加班组或有关部门组织的安全学习，参加安全教育活动，接受安全部门或人员的安全监督检查，积极参与解决不安全问题。

（8）发生因工伤亡及未遂事故要保护现场，立即上报，主动积极参加抢险救援。

除了明确岗位职责外，还应该加强监督检查考核，以便促进岗位职责的落实，促进安全生产。

第三节　特种作业人员安全技术培训考核管理规定

《特种作业人员安全技术培训考核管理规定》（安监总局令第30号）于2010年4月26日国家安全生产监督管理总局局长办公会议审议通过，2013年8月第一次修订，2015年5月第二次修订，自2015年7月1日起施行。

第一章　总　　则

第一条　为了规范特种作业人员的安全技术培训考核工作，提高特种作业人员的安全技术水平，防止和减少伤亡事故，根据《中华人民共和国安全生产法》《中华人民共和国行政许可法》等有关法律、行政法规，制定本规定。

第二条　生产经营单位特种作业人员的安全技术培训、考核、发证、复审及其监督管理工作，适用本规定。

有关法律、行政法规和国务院对有关特种作业人员管理另有规定的，从其规定。

第三条　本规定所称特种作业，是指容易发生事故，对操作者本人、他人的安全健康及设备、设施的安全可能造成重大危害的作业。特种作业的范围由特种作业目录规定。

本规定所称特种作业人员，是指直接从事特种作业的从业人员。

第四条　特种作业人员应当符合下列条件：

（一）年满18周岁，且不超过国家法定退休年龄；

（二）经社区或者县级以上医疗机构体检健康合格，并无妨碍从事相应特种作业的器质性心脏病、癫痫病、美尼尔氏症、眩晕症、癔病、震颤麻痹症、精神病、痴呆症以及其他疾病和生理缺陷；

（三）具有初中及以上文化程度；

（四）具备必要的安全技术知识与技能；

（五）相应特种作业规定的其他条件。

危险化学品特种作业人员除符合前款第（一）项、第（二）项、第（四）项和第（五）项规定的条件外，应当具备高中或者相当于高中及以上文化程度。

第五条　特种作业人员必须经专门的安全技术培训并考核合格，取得《中华人民共和国特种作业操作证》（以下简称特种作业操作证）后，方可上岗作业。

第六条　特种作业人员的安全技术培训、考核、发证、复审工作实行统一监管、分级实施、教考分离的原则。

第七条　国家安全生产监督管理总局（以下简称安全监管总局）指导、监督全国特种作业人员的安全技术培训、考核、发证、复审工作；省、自治区、直辖市人民政府安全生产监督管理部门指导、监督本行政区域特种作业人员的安全技术培训工作，负责本行政区域特种作业人员的考核、发证、复审工作；县级以上地方人民政府安全生产监督管理部门负责监督检查本行政区域特种作业人员的安全技术培训和持证上岗工作。

国家煤矿安全监察局（以下简称煤矿安监局）指导、监督全国煤矿特种作业人员（含煤矿矿井使用的特种设备作业人员）的安全技术培训、考核、发证、复审工作；省、自治区、直辖市人民政府负责煤矿特种作业人员考核发证工作的部门或者指定的机构指导、监督本行政区域煤矿特种作业人员的安全技术培训工作，负责本行政区域煤矿特种作业人员的考核、发证、复审工作。

省、自治区、直辖市人民政府安全生产监督管理部门和负责煤矿特种作业人员考核发证工作的部门或者指定的机构（以下统称考核发证机关）可以委托设区的市人民政府安全生产监督管理部门和负责煤矿特种作业人员考核发证工作的部门或者指定的机构实施特种作业人员的考核、发证、复审工作。

第八条 对特种作业人员安全技术培训、考核、发证、复审工作中的违法行为，任何单位和个人均有权向安全监管总局、煤矿安监局和省、自治区、直辖市及设区的市人民政府安全生产监督管理部门、负责煤矿特种作业人员考核发证工作的部门或者指定的机构举报。

第二章 培 训

第九条 特种作业人员应当接受与其所从事的特种作业相应的安全技术理论培训和实际操作培训。

已经取得职业高中、技工学校及中专以上学历的毕业生从事与其所学专业相应的特种作业，持学历证明经考核发证机关同意，可以免予相关专业的培训。

跨省、自治区、直辖市从业的特种作业人员，可以在户籍所在地或者从业所在地参加培训。

第十条 对特种作业人员的安全技术培训，具备安全培训条件的生产经营单位应当以自主培训为主，也可以委托具备安全培训条件的机构进行培训。

不具备安全培训条件的生产经营单位，应当委托具备安全培训条件的机构进行培训。

生产经营单位委托其他机构进行特种作业人员安全技术培训的，保证安全技术培训的责任仍由本单位负责。

第十一条 从事特种作业人员安全技术培训的机构（以下统称培训机构），应当制定相应的培训计划、教学安排，并按照安全监管总局、煤矿安监局制定的特种作业人员培训大纲和煤矿特种作业人员培训大纲进行特种作业人员的安全技术培训。

第三章 考 核 发 证

第十二条 特种作业人员的考核包括考试和审核两部分。考试由考核发证机关或其委托的单位负责；审核由考核发证机关负责。

安全监管总局、煤矿安监局分别制定特种作业人员、煤矿特种作业人员的考核标准，并建立相应的考试题库。

考核发证机关或其委托的单位应当按照安全监管总局、煤矿安监局统一制定的考核标准进行考核。

第十三条　参加特种作业操作资格考试的人员，应当填写考试申请表，由申请人或者申请人的用人单位持学历证明或者培训机构出具的培训证明向申请人户籍所在地或者从业所在地的考核发证机关或其委托的单位提出申请。

考核发证机关或其委托的单位收到申请后，应当在 60 日内组织考试。

特种作业操作资格考试包括安全技术理论考试和实际操作考试两部分。考试不及格的，允许补考 1 次。经补考仍不及格的，重新参加相应的安全技术培训。

第十四条　考核发证机关委托承担特种作业操作资格考试的单位应当具备相应的场所、设施、设备等条件，建立相应的管理制度，并公布收费标准等信息。

第十五条　考核发证机关或其委托承担特种作业操作资格考试的单位，应当在考试结束后 10 个工作日内公布考试成绩。

第十六条　符合本规定第四条规定并经考试合格的特种作业人员，应当向其户籍所在地或者从业所在地的考核发证机关申请办理特种作业操作证，并提交身份证复印件、学历证书复印件、体检证明、考试合格证明等材料。

第十七条　收到申请的考核发证机关应当在 5 个工作日内完成对特种作业人员所提交申请材料的审查，作出受理或者不予受理的决定。能够当场作出受理决定的，应当当场作出受理决定；申请材料不齐全或者不符合要求的，应当当场或者在 5 个工作日内一次告知申请人需要补正的全部内容，逾期不告知的，视为自收到申请材料之日起即已被受理。

第十八条　对已经受理的申请，考核发证机关应当在 20 个工作日内完成审核工作。符合条件的，颁发特种作业操作证；不符合条件的，应当说明理由。

第十九条　特种作业操作证有效期为 6 年，在全国范围内有效。

特种作业操作证由安全监管总局统一式样、标准及编号。

第二十条　特种作业操作证遗失的，应当向原考核发证机关提出书面申请，经原考核发证机关审查同意后，予以补发。

特种作业操作证所记载的信息发生变化或者损毁的，应当向原考核发证机关提出书面申请，经原考核发证机关审查确认后，予以更换或者更新。

第四章　复　　审

第二十一条　特种作业操作证每 3 年复审 1 次。

特种作业人员在特种作业操作证有效期内，连续从事本工种 10 年以上，严格遵守有关安全生产法律法规的，经原考核发证机关或者从业所在地考核发证机关同意，特种作业操作证的复审时间可以延长至每 6 年 1 次。

第二十二条　特种作业操作证需要复审的，应当在期满前 60 日内，由申请人或者申请人的用人单位向原考核发证机关或者从业所在地考核发证机关提出申请，并提交下列材料：

（一）社区或者县级以上医疗机构出具的健康证明；

（二）从事特种作业的情况；

（三）安全培训考试合格记录。

特种作业操作证有效期届满需要延期换证的，应当按照前款的规定申请延期复审。

第二十三条　特种作业操作证申请复审或者延期复审前，特种作业人员应当参加必要的安全培训并考试合格。

安全培训时间不少于 8 个学时，主要培训法律、法规、标准、事故案例和有关新工艺、新技术、新装备等知识。

第二十四条　申请复审的，考核发证机关应当在收到申请之日起 20 个工作日内完成复审工作。复审合格的，由考核发证机关签章、登记，予以确认；不合格的，说明理由。

申请延期复审的，经复审合格后，由考核发证机关重新颁发特种作业操作证。

第二十五条　特种作业人员有下列情形之一的，复审或者延期复审不予通过：

（一）健康体检不合格的；

（二）违章操作造成严重后果或者有 2 次以上违章行为，并经查证确实的；

（三）有安全生产违法行为，并给予行政处罚的；

（四）拒绝、阻碍安全生产监管监察部门监督检查的；

（五）未按规定参加安全培训，或者考试不合格的；

（六）具有本规定第三十条、第三十一条规定情形的。

第二十六条　特种作业操作证复审或者延期复审符合本规定第二十五条第（二）项、第（三）项、第（四）项、第（五）项情形的，按照本规定经重新安全培训考试合格后，再办理复审或者延期复审手续。

再复审、延期复审仍不合格，或者未按期复审的，特种作业操作证失效。

第二十七条　申请人对复审或者延期复审有异议的，可以依法申请行政复议或者提起行政诉讼。

第五章 监 督 管 理

第二十八条 考核发证机关或其委托的单位及其工作人员应当忠于职守、坚持原则、廉洁自律，按照法律、法规、规章的规定进行特种作业人员的考核、发证、复审工作，接受社会的监督。

第二十九条 考核发证机关应当加强对特种作业人员的监督检查，发现其具有本规定第三十条规定情形的，及时撤销特种作业操作证；对依法应当给予行政处罚的安全生产违法行为，按照有关规定依法对生产经营单位及其特种作业人员实施行政处罚。

考核发证机关应当建立特种作业人员管理信息系统，方便用人单位和社会公众查询；对于注销特种作业操作证的特种作业人员，应当及时向社会公告。

第三十条 有下列情形之一的，考核发证机关应当撤销特种作业操作证：

（一）超过特种作业操作证有效期未延期复审的；

（二）特种作业人员的身体条件已不适合继续从事特种作业的；

（三）对发生生产安全事故负有责任的；

（四）特种作业操作证记载虚假信息的；

（五）以欺骗、贿赂等不正当手段取得特种作业操作证的。

特种作业人员违反前款第（四）项、第（五）项规定的，3 年内不得再次申请特种作业操作证。

第三十一条 有下列情形之一的，考核发证机关应当注销特种作业操作证：

（一）特种作业人员死亡的；

（二）特种作业人员提出注销申请的；

（三）特种作业操作证被依法撤销的。

第三十二条 离开特种作业岗位 6 个月以上的特种作业人员，应当重新进行实际操作考试，经确认合格后方可上岗作业。

第三十三条 省、自治区、直辖市人民政府安全生产监督管理部门和负责煤矿特种作业人员考核发证工作的部门或者指定的机构应当每年分别向安全监管总局、煤矿安监局报告特种作业人员的考核发证情况。

第三十四条 生产经营单位应当加强对本单位特种作业人员的管理，建立健全特种作业人员培训、复审档案，做好申报、培训、考核、复审的组织工作和日常的检查工作。

第三十五条 特种作业人员在劳动合同期满后变动工作单位的，原工作单位不得以任何理由扣押其特种作业操作证。

跨省、自治区、直辖市从业的特种作业人员应当接受从业所在地考核发证机关的监督管理。

第三十六条 生产经营单位不得印制、伪造、倒卖特种作业操作证，或者使用非法印制、伪造、倒卖的特种作业操作证。

特种作业人员不得伪造、涂改、转借、转让、冒用特种作业操作证或者使用伪造的特种作业操作证。

第六章 罚 则

第三十七条 考核发证机关或其委托的单位及其工作人员在特种作业人员考核、发证和复审工作中滥用职权、玩忽职守、徇私舞弊的，依法给予行政处分；构成犯罪的，依法追究刑事责任。

第三十八条 生产经营单位未建立健全特种作业人员档案的，给予警告，并处 1 万元以下的罚款。

第三十九条 生产经营单位使用未取得特种作业操作证的特种作业人员上岗作业的，责令限期改正；可以处 5 万元以下的罚款；逾期未改正的，责令停产停业整顿，并处 5 万元以上 10 万元以下的罚款，对直接负责的主管人员和其他直接责任人员处 1 万元以上 2 万元以下的罚款。

煤矿企业使用未取得特种作业操作证的特种作业人员上岗作业的，依照《国务院关于预防煤矿生产安全事故的特别规定》的规定处罚。

第四十条 生产经营单位非法印制、伪造、倒卖特种作业操作证，或者使用非法印制、伪造、倒卖的特种作业操作证的，给予警告，并处 1 万元以上 3 万元以下的罚款；构成犯罪的，依法追究刑事责任。

第四十一条 特种作业人员伪造、涂改特种作业操作证或者使用伪造的特种作业操作证的，给予警告，并处 1000 元以上 5000 元以下的罚款。

特种作业人员转借、转让、冒用特种作业操作证的，给予警告，并处 2000 元以上 10 000 元以下的罚款。

第七章 附 则

第四十二条 特种作业人员培训、考试的收费标准，由省、自治区、直辖市人民政府安全生产监督管理部门会同负责煤矿特种作业人员考核发证工作的部门或者指定的机构统一制定，报同级人民政府物价、财政部门批准后执行，证书工本费由考核发证机关列入同级财政预算。

第四十三条 省、自治区、直辖市人民政府安全生产监督管理部门和负责煤矿特种作业人员考核发证工作的部门或者指定的机构可以结合本地区实际，制定实施细则，报安全监管总局、煤矿安监局备案。

第四十四条　本规定自 2010 年 7 月 1 日起施行。1999 年 7 月 12 日原国家经贸委发布的《特种作业人员安全技术培训考核管理办法》（原国家经贸委令第 13 号）同时废止。

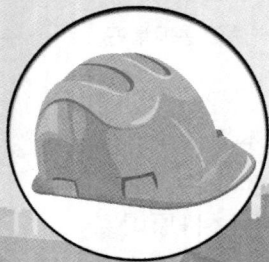

第二章 电力高处作业基本知识

高处作业存在于利用建（构）筑物及登高设施或工具进行的土木作业、设备安装、电力和通信的线路与设备维修、造船、厂内设备制造、园林管理等工作中，涉及各行各业多种工种与现场管理人员，作业过程中往往存在较多的危险因素，如果不采取切实有效的防护措施，极容易发生重大人员伤亡事故和巨大的财产损失。本章重点介绍各类施工作业应共同遵守的高处作业基本安全要求及必需的防护措施。

第一节 高 处 作 业

一、高处作业的定义及种类

（一）高处作业的定义

GB 3608—2008《高处作业分级》规定：凡在坠落高度基准面 2m 以上（含 2m）有可能坠落的高处进行的作业，均称为高处作业。

根据上述规定，在施工中，不论是在单层、多层或高屋建筑物上，还是在平地上、地下室内进行操作，只要作业位置的侧面存在有可能导致作业人员坠落的作业洞、坑、井、槽或空间，作业位置至底面的最大垂直距离大于或等于 2m，就属于建筑施工高处作业。一般情况下，当人从 2m 以上的高处坠落，就很可能会造成重伤、残废，甚至死亡。因此，必须有针对不同施工阶段、不同工种的高处作业安全技术措施和严格的安全监督管理。

（二）高处作业分级和高处坠落范围半径

按作业的高度可将高处作业分为四级，不同高度发生的高处坠落范围半径各不相同：

（1）一级高处作业，高度在 2～5m，坠落范围半径为 2m。

（2）二级高处作业，高度在 5～15m，坠落范围半径为 3m。

（3）三级高处作业，高度在 15～30m，坠落范围半径为 4m。

（4）特级高处作业，高度在 30m 以上，坠落范围半径为 5m。

上述规定，明确了对不同高度施工作业面外侧防护设施（例如安全平网、脚手架防护隔离棚等）宽度的要求。

（三）高处作业种类

（1）根据直接引起高处坠落的客观危险因素，高处作业可分为一般高处作业和特殊高处作业两类。特殊高处作业以外的高处作业，都是一般高处作业。特殊高处作业包括以下 8 类：

1）在阵风风力六级（风速 10.8m/s）以上的情况下进行的高处作业，称为强风高处作业。

2）在高温或低温环境下进行的高处作业，称为异温高处作业。

3）降雪时进行的高处作业，称为雪天高处作业。

4）降雨时进行的高处作业，称为雨天高处作业。

5）室外完全采用人工照明时进行的高处作业，称为夜间高处作业。

6）在接近或接触带电体条件下进行的高处作业，称为带电高处作业。

7）在无立足点或无牢靠立足点的条件下进行的高处作业，称为悬空高处作业。

8）对突然发生的各种灾害事故进行抢救的高处作业，称为抢救高处作业。

（2）根据内容与目的可分为两类高处作业：

1）搭设脚手架、平台、或其他承重架、垂直升降机械支撑架等设施的高处作业，称为登高架设高处作业。

2）利用登高设施或已有建筑物（或构筑物）某个部位进行高处土木作业、设备安装、装饰、维修、拆除等，称为安装、维修、拆除高处作业。

（3）按照高处作业的部位与方式可分为临边作业、洞口作业、平台作业、悬空作业、攀登作业、交叉作业、杆塔作业等。

二、电力高处作业

在从事电力生产活动中，凡在离地面（坠落高度基准面）2m 级以上的地点进行工作，都应视作电力高处作业。由于电力行业的特点，为确保带电体与建筑物、人、地的安全距离，往往需要将带电设备和线路设置在较高的位置，这就使得电力生产的大部分作业为高处作业。

针对电力系统不同的专业，电力高处作业可分为配电线路安装与检修、送电线路安装与检修、变电设备安装与检修、电厂机组安装与检修、电力施工企业的跨越架搭设、低压路灯安装与维修等。

在电力行业，在人的不安全行为、物的不安全状态、环境不良和监督管理不力等因素造成的事故中，高处坠落事故排第二位，每年因高处坠落而引发的人身伤亡事故屡见不鲜，屡禁不止，这一现象值得深思、关注和重视。

第二节　高处作业的力学常识

无论是登高架设作业，还是使用登高工具或设施进行安装、维修等各类作业，都运用了力学原理。登高作业人员必须掌握必要的力学常识，以保证登高作业安全。

一、静力学基本概念

（一）力的基本概念

力是物体间相互的机械作用，这种作用能使物体运动状态发生变化或使物体发生变形。力不能脱离物体而存在。当某一物体受到力的作用时，一定有另一物体对它施加作用，对于这种作用，在分析物体受力情况时，须注意区分受力物体和施力物体。

力对物体的作用效果决定于三个要素：力的大小、力的方向、力的作用点。这三个要素中有任何一个改变时，力对物体的作用效果也随之改变，如图 2-1 所示，用扳手拧螺母时，作用在扳手上的力 F_1、F_2、F_3 或大小不同，或方向不同，或作用位置不同，产生的效果均不相同。国际单位制及中国法定计量单位中力的单位及符号是"牛顿"（N）或"千牛顿"（kN）。在工程单位中，力的单位是"千克力"（kgf）或"吨力"（tf）。这两种单位间的换算关系为 1kgf=9.8N。

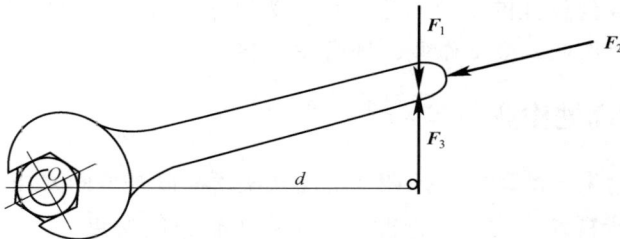

图 2-1　力对物体的作用效果

力是具有大小和方向的量，力的三要素可用带箭头的有向线段示于物体作用点上，如图 2-1 中 F_1、F_2、F_3 所示。线段的长度（按一定比例尺画）表示力的大小，箭头的指向表示力的方向，线段的起点或终点表示力的作用点。通过力的作用点，沿力的方向所画的线段称为力的作用线。数学中把具有大小和方向的量称为矢量，力是矢量，通常用黑体或带箭头的字母表示，如 $\pmb{F}$；若仅表示力的大小，则不用黑体或不带箭头的字母表示即可，如 F。

在静力学中，通常不研究力使物体发生的变形，因为在一般工程问题中物体的变形极其微小，对于研究物体的平衡问题影响不大，为使问题简化，常忽略变形。因此，在静力学中把物体看成在任何力的作用下，其大小和形状都保持不变，即刚体。刚体是实际物体理想化的模型，然而当物体的变形在所研究的问题中成为主要因素时（如在材料力学中）就不能再将其看成刚体，即使变形很小，也应考虑，不能忽略不计。

（二）力系

作用在物体上两个及两个以上的力，或者说作用在同一物体上的一群力称为一个力系，如果物体在力系作用下处于平衡状态，则此力系称为平衡力系，力系平衡应具备的条件称为平衡条件。如果一个力系对物体的作用效果与另一个力系对物体的作用效果相同，那么这两个力系彼此为等效力系。在静力学中，等效力系可以相互代换，用一个等效的简单力系去代换一个复杂的力系称为力系的简化，如果一个力 F 对物体的作用效果与一个力系对该物体的作用效果相同，则此力 F 称为该力系的合力，力系中的每一个力都称为合力 F 的分力，由已知力系求合力称为力系的合成；相反由合力求分力称为力的分解。将几个力合成的目的是便于考察原来各力对物体共同作用的总效果，而为了考察力在某一特定方向上的作用效果，就必须将力沿这一方向进行分解，以求得这一方向上的分力。

（三）静力学公理

静力学公理是人们经长期实践概括总结的结论，它的正确性只能用实验来验证，不能用更基本的原理来证明，它概括了力的一些基本性质，是建立静力学理论的基础。

1. 公理一（二力平衡公理）

刚体只受两个力作用而处于平衡状态时，必须也只需这两个力大小相等，方向相反，作用线在同一直线上，如图 2-2 所示。所谓平衡就是指物体相对于地球处于静止或做匀速直线运动的状态。

图2-2　二力平衡公理

只受两个外力而处于平衡的构件称为二力构件，当构件的形状为杆件时，则称为二力杆。如图2-3（b）中的 AB 杆和 CD 杆，两端用铰链连接，若不计自重，且又不受其他外力作用，就是一个二力杆件，此时分别作用在 AB 杆和 CD 杆上两个力的作用线必在二力的作用点的连线上，且等值反向。

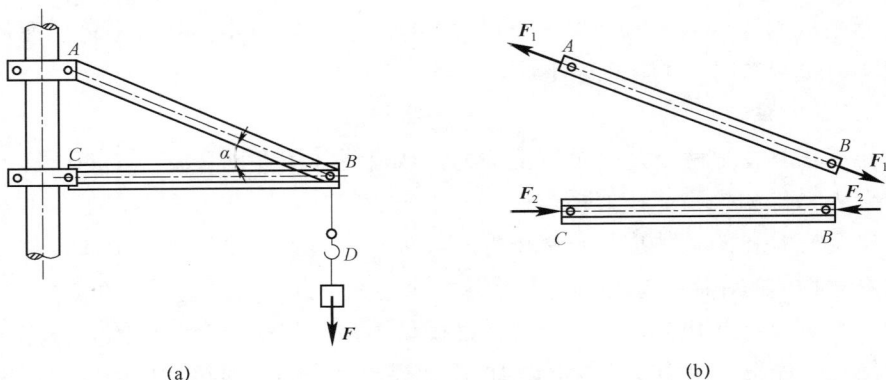

(a)　　　　　　　　　　　　　　　(b)

图2-3　二力杆

（a）桁架结构；（b）二力杆受力

2. 公理二（加减平衡力系公理）

在一个力系上加上或者减去任意一个平衡力系，不会改变原力系对刚体的作用效果。

应用公理一和公理二可得到如下推论（力的可传性原理）：作用在刚体上的任何一个力，可以沿其作用线移动作用点，而不改变此力对刚体的作用效果。

证明：设力作用在小车的 A 点上，如图2-4所示，据公理二，可在力的作用线上任取一点 B，并在 B 点加上两个相互平衡的力 F_1 和 F_2，令 $F=F_1=F_2$。由于力 F 和 F_2 也是一个平衡力系，据公理二可除去，这样只剩下一个力 F_1 由此得出力 F 与力系（F、F_1、F_2）及 F_1 的作用效果相同，力 F_1 替代了原来的力 F，作用点移到了 B 点。由推论有：力对刚体的作用效果仅取决于力的大小、力的方向及力的作用线位置。

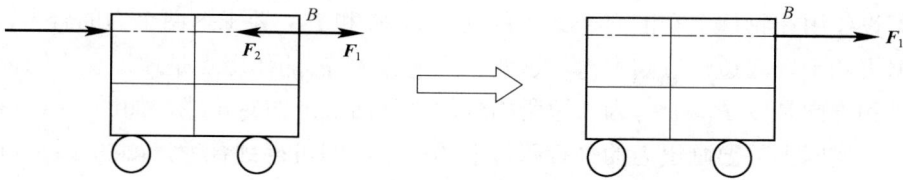

图2-4　力的可传性

3. 公理三（力的平行四边形法则）

作用于刚体上同一点的两个力，其合力作用在两个力的汇交点上，合力的大小和方向由这两个力为邻边构成的平行四边形的对角线确定，如图2-5所示，图中 F 称为 F_1、F_2 两力的合力。

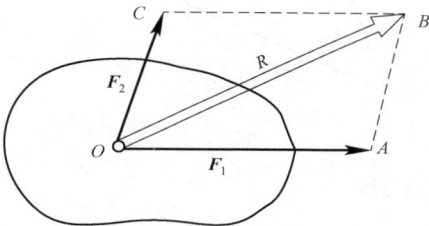

图2-5　力的平行四边形法则

实际上在求合力 F 时，不一定要作出全部平行四边形 $OABC$，因为平行四边形的对边平行且相等，所以只要作出对角线一侧的一个三角形（OAB 或 OCB）就可以了，这种力的合成方法称为力的三角形法则。

求 F_1 和 F_2 两分力的合力 F，可用一矢量式表示如下：

$$F = F_1 + F_2$$

读作：合力 F 等于力 F_1、F_2 的矢量和。注意合力不一定比分力大，它与代数式 $F = F_1 + F_2$ 完全不同，不能混淆，只有当两力共线时，其合力才等于两力的代数和。力的平行四边形公理是力的合成与分解的依据，也是较复杂力系简化的基础。

4. 公理四（作用与反作用公理）

两物体间的作用是相互的，甲物体给乙物体一个作用力，乙物体必定给甲物体一个反作用力。作用力与反作用力大小相等，方向相反，作用线相同。力总是成对出现的，有作用力必定有反作用力，两者同时存在，同时消失，且分别作用在不同的物体上。

（四）力的合成与分解

由已知力系求合力称为力系的合成，相反由合力求分力称为力的分解。

1. 力的合成

（1）同向共线力的合成：合力等于两力的代数和（相加）。

（2）反向共线力的合成：合力等于两力的代数和（相减）。

（3）两个汇交力的合成（力三角形法）。

27

　　设作用在物体上有汇交于 *A* 点的两个力 F_1 和 F_2，要求这两个力的合力，可根据力的平行四边形法则求得。这两个力的合力 F 的作用点是原汇交点 *A*，其大小和方向是以 F_1 和 F_2 为邻边所构成的平行四边形的对角线，如图 2-6（a）所示。实际上只要画出力的平行四边形的一半，即可得到合力，如图 2-6（b）所示。可省略 *AC* 与 *CD*，从留下的△*ABD* 中即可解得合力 *F* 的大小与方向。如严格地按一定比例作图，合力 *F* 的大小及方向可由图上量得。此法简便工程上亦常采用，称为图解法（几何法），但作图易产生误差，如需精确解，则可用余弦定理进行计算即公式计算法：

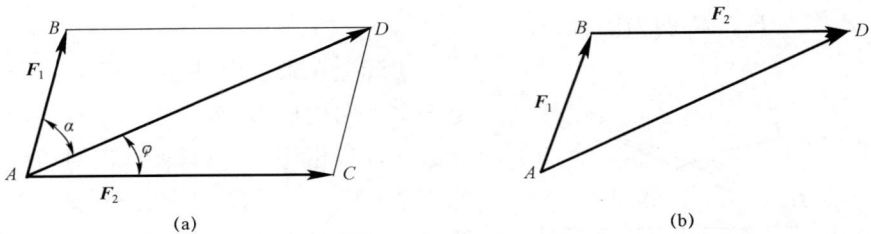

图 2-6　力的合成与分解

由△*ABD* 得：

$$F = \sqrt{F_1^2 + F_2^2 + 2F_1 F_2 \times \cos\alpha}$$

再由正弦定理定其方向：

$$F_2/\sin\varphi = F/\sin(180° - \alpha)$$

式中　　F——合力，N；

　F_1、F_2——分力，N；

　　α——F_1 和 F 的夹角；

　　φ——F_2 和 F 的夹角。

　　2. 力的分解

　　在工程实际当中经常会遇到一些起重搬运作业，为合理选用机索具、进行力的分析，经常需要进行力的分解，与力的合成相似，力的分解方法有平行四边形法则和三角形法则。平行四边形法则是把要分解的力作为平行四边形的对角线，再按分力方向做出平行四边形的两边，这两边即为所要求的分力。这两个分力的作用方向应预先设定，如图 2-7（a）所示。

　　三角形法则是将一已知力的分解按已确定分力的方向做成一个闭合的三角形，如图 2-7（b）所示，即将被分解的力作为闭合三角形的一边，其余两边就是所求的分力。

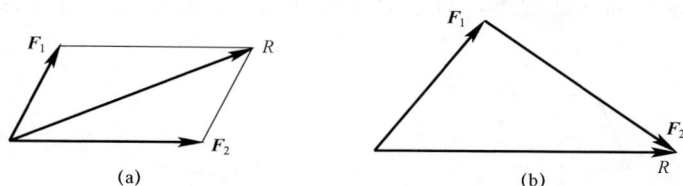

图 2-7 力的分解

（a）平行四边形法；（b）三角形法

力的分解也要遵循平行四边形法则，但要有附加条件：

（1）有两分力的方向。

（2）有两分力中一个分力的大小和方向。

对于力的分解通常以正交分解法（见图 2-8）最为常见，计算公式如下：

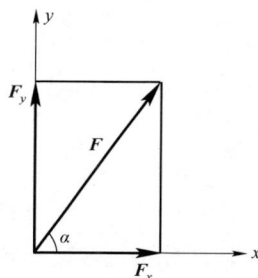

$$F_x = F\cos\alpha$$

$$F_y = F\sin\alpha$$

图 2-8 力的分解

通过力的正交分解，可以得到如下结论：钢丝绳与吊垂线之间的夹角有关，夹角越大、受力越大，而且绳子容易从吊钩上滑出。一般两根钢丝绳起吊物体时，其夹角选择 60°～90° 较为理想。

（五）几何法求解平衡问题

作用在刚体上各个力的作用线如果均在同一平面内，则这种力系称为平面力系，在平面力系中如果各力的作用线都汇交于一点，这样的力系称为平面汇交力系。平面汇交力系在起重搬运吊装实践中经常遇到，如图 2-9（a）所示的起重架提吊重物，即属于平面汇交力系。

下面介绍用力多边形法研究平面汇交力系的平衡问题。设在物体上的 O 点作用了一个平面汇交力系，F_1、F_2、F_3、F_4 如图 2-9（a）所示。要求这个汇交力系的合力时，可以连续应用力的三角形法则。如图 2-9（b）所示，先求出 F_1 和 F_2 的合力 F_1，再求 F_1 和 F_3 的合力 F_2，最后求出 F_2 和 F_4 的合力 F。力 F 就是原汇交力系的合力。实际作图时，虚线所示的 F_1 和 F_2 不必画出，只要按一定的比例依次作矢量 AB、BC、CD 和 DE 分别代表力 F_1、F_2、F_3、F_4，首端 A 和尾端 E 的连线 AE 即代表合力的大小和方向。合力的作用点仍是原汇交力系的交点。多边形 $ABCDE$ 称作力多边形，这种求合力的方法称作力多边形法则，简单地说：力多边形的封闭边（首尾的连线）就代表原汇交力系的合力。实际使用中在精度要求不高的情况下，可采取精确画图，最后量出封闭边的尺寸及方向的方法。

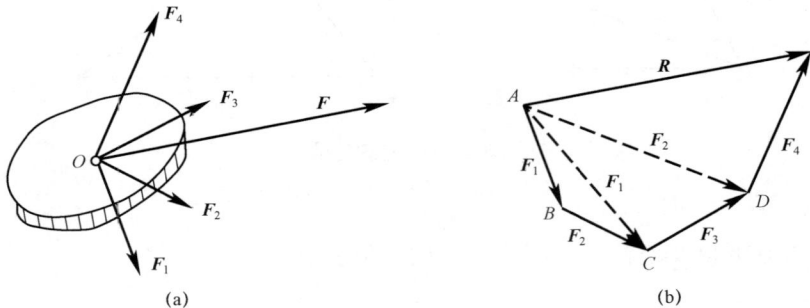

图 2-9　力的多边形法则

（a）起重架提吊重物；（b）平面汇交力系

平面汇交力系可合成为一个合力 F，即合力 F 与原力系等效。如果某平面汇交力系的力多边形首尾相重合，即力多边形自行封闭，则力系的合力 F 等于零，物体处于平衡状态，该力系为平衡力系，反之欲使平面汇交力系平衡的几何条件是：力多边形自行闭合，此时力系的合力 F 等于零。

如果已知物体在平面汇交力系作用下处于平衡状态，则可以应用力的平衡的几何条件，通过作用在物体上的已知力求出未知力的约束反力。

（六）力矩

在生产实践中，当拧紧螺母时，力矩示意图如图 2-10 所示，其拧紧程度不仅与力 F 的大小有关，而且与转动中心（O 点）到力的作用线的垂直距离 d 有关。当 F 力的大小一定时，d 越大，力 F 使螺母拧的越紧，d 越小，拧紧程度就越差。因此，在力学上以乘积 Fd 作为度量力 F 使物体绕 O 点转动效果的物理量，称为力 F 对 O 点之矩，并用 $M(F)$ 表示。

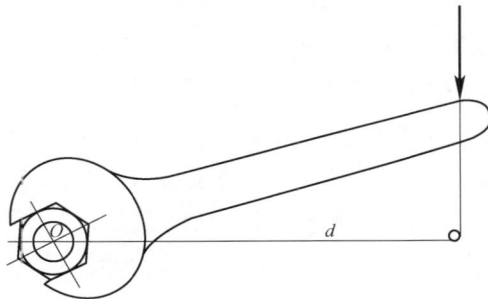

图 2-10　力矩示意图

即：
$$M(F) = \pm Fd$$

O 点称为力矩中心，简称矩心；O 点到力 F 作用线的垂直距离 d，称为力臂，即力在作用时和作用物之间的垂直距离叫力臂，力臂和力的乘积叫力矩，式中的正负号用以说明力矩转向，一般规定：力使物体绕矩心做逆时针方向转动时，力矩取正号，反之取负号，力矩的单位常取牛米（Nm）或千牛米（kNm）。

1. 合力矩定理

某力系的合力对物体的作用效果等于该力系中各分力对物体作用效果的总和。同理亦可证明平面汇交力系的合力对平面内任一点之力矩等于该力系中各分力对同一点的力矩的代数和。这个关系称为合力矩定理，其表达式为：

$$M(F) = M(F_1) + M(F_2) + \cdots + M(F_n)$$

或
$$M(F) = \sum M(F)$$

式中　F——力系 F_1、F_2、$\cdots$、F_n 的合力。

2. 力矩的平衡

若物体平衡，即各力对同一点力矩的代数和等于零，这就是力矩的平衡条件。即：

$$M(F) = \sum M(F) = 0$$

上式也称为力矩的平衡方程。

二、荷载

登高结构体在施工中和使用期间承受的各种力称为荷载。根据 GB 50009—2001《建筑结构荷载规范》对结构荷载进行如下分类。

（一）按荷载随时间的变异性和出现的可能性分

（1）永久荷载（也称恒荷载）。在结构使用期间，其值不随时间变化或其变化与平均值相比可以忽略不计。例如脚手架的各种杆件和扣件或绑扎物及构配件等的自重是永久荷载；杆塔上的构配件、电缆线等的自重是永久荷载。

（2）可变荷载（也称活荷载）。在结构使用期间，其值随时间变化，且其变化与平均值相比不可以忽略不计。例如脚手架上与杆塔上的作业人员、使用的器具和材料（即施工荷载），以及风荷是可变荷载。

（3）偶然荷载在结构使用期间不一定出现，但一旦出现，其量值可能很大而持续时间很短的荷载。例如地震作用力、爆炸力、撞击力等。

（二）按荷载作用的范围分

（1）集中荷载。当荷载的作用面积很小时，可将荷载作用面积集中简化于一点，称为集中荷载，例如越线架上搁置的电缆线可认为是集中荷载。

（2）分布荷载。连续分布在一块面积上的荷载称为分布荷载，包括分别作用在体积、面积和一定长度上的体荷载、面荷载和线荷载。重力属于体荷载，风、雪的压力等属于面荷载。

荷载对登高作业的安全影响重大。例如脚手架设计和搭设施工时，必须考虑脚手架的自重、作业面上的施工荷载和规定计算的风荷载。脚手架不得超荷载能力使用。一般传统搭法的落地式多立杆脚手架上的施工均布荷载不得超过 2.7kN/m²。扣件式钢管脚手架中，砌筑用脚手架的均布荷载控制值为 3kN/m²；装修脚手架为 2kN/m²；工具式脚手架为 1kN/m²。如果超荷载或荷载分布不均匀，脚手架、梯子、杆档等都容易发生变形、失稳、沉降等危及安全的情况，甚至引起坍塌或倾倒，造成严重的伤亡事故。登高作业人员必须了解登高工具与设施的使用荷载规定，严格控制实际使用荷载，严禁超载使用。对悬挑式脚手架、悬挑平台等，常常采取卸荷措施以平衡荷载。

三、许用应力与安全系数

由于在实际施工使用过程中，钢材、木材、毛竹、钢丝绳、混凝土、砖等等建筑材料的应力达到强度极限就要被破坏或发生断裂，引发安全事故，所以要根据不同种类的材料和受力情况，规定出允许承受的最大应力，该最大应力称作许用应力。

登高作业和工程结构在许用应力范围之内才有可靠的安全保证。强度极限是物体快要被破坏时的应力，许用应力应低于强度极限的若干倍，这个倍数称为安全系数，俗称保险系数。许用应力=强度极限/安全系数。因此可知，许用应力值取决于安全系数的大小。安全系数规定得太小，许用应力就会过高，安全无法保证，反之，安全系数太大，许用应力则过低，就要多用材料，造成浪费。工作人员应查阅相关技术规范，采用技术规范中确定的安全系数。例如脚手架工程中，一般采用安全系数 $K=3$。座式登高板人身安全绳的破坏载荷安全系数 K 应大于 10。

四、重心和垂直度

任何物体都要受到地球的引力，物体内部各点都要受到重力的作用，各点重力的合力就是整个物体的重量，合力的作用点就是物体的重心。

材质均匀的物体不论在什么地方，怎样安放，重心在物体内的位置不变（重心在几何中心上）。物体的材质不均匀，则重心不在几何中心，如架子用杉木杆，一头大一头小，重心不在杉木杆的中间，而是偏向大头一端；形状不规则的物体，重心位置可以经计算求出。

当物体置于支点上或穿在轴上时，重力作用线（即由重心向下引的铅垂线）通过支点或轴，则物体达到稳定平衡而静止不动。在这种情况下，重心和支点或轴的反力互相平衡。

登高作业中的立杆（或立柱）的稳定性与其垂直度有关，当杆（柱）的重心作用线落在杆（柱）底面之内，杆（柱）就具备稳定条件。垂直度不好的脚手架、杆塔等登高工具或设施，本身是不稳定的，如果再承受外力，就会加剧倾斜和失稳，发生倒塌事故。在脚手架和杆塔等的搭设、使用和拆除过程中，控制立杆（柱）的垂直度和检测垂直度是安全登高作业的重要环节。作业人员应遵守有关规范、标准的垂直度要求。例如，脚手架工程一般要求是：

（1）多立杆低层脚手架的垂直允许偏差不得大小全长的 1/200，且不大于 100mm。

（2）高层建筑悬挑脚手架第一段的垂直度允许偏差不得超过全长 1/400，第二段及第二段以上的允许偏差不得超过 1/200。

（3）桥式脚手架总的垂直度，允许偏差不得大于柱高的 1/650，且不大于 30mm。

立杆垂直度应从第一根立杆开始控制，随时观察、校正。可采用目测和用线锤进行垂直检查。钢管电杆架线后，直线电杆的倾斜应不超过杆高的 5/1000。

用绳索拴构件或起重机械吊运设备与构件时，要选择好设备与构件的重心位置，防止传递或起吊过程中发生倾斜、翻转以致倾倒。吊篮、座式登高板上作业、使用脚扣，登高板攀爬电杆时，应注意力的平衡与人身重心控制。

五、强度、刚度和稳定性

日常使用过程中的建筑物或构筑物以及登高作业中使用的脚手架、杆塔、平台等结构构件都是处于稳定与平衡状态，这种状态下的结构必须同时满足以下三个方面的要求：

（1）结构或构件在荷载作用下不会发生破坏，这就要求构件有足够的强度。所谓强度就是结构或构件在外力作用下抵抗破坏的一种能力。破坏形式有断裂、塑性变形等。

（2）结构或构件在荷载作用下所产生的变形应在允许的范围以内，这就要求结构或构件必须具有足够的刚度。刚度是指结构或构件在外力作用下抵抗变形的能力。

（3）结构或构件在荷载作用下，能保持其原有形状下的平衡，这就要求结构或构件必须具有足够的稳定性。稳定性是指结构或构件保持其原有平衡状态的能力。

登高架设使用的材料、工具等应考虑其强度，选用材质必须符合规范要求。脚手架、杆塔、平台等的结构形式应保证其足够的刚性和稳定性。例如脚手架必须设置剪刀撑、抛撑、横向斜撑；紧邻建筑物的脚手架必须设置连墙件；脚手架的步距必须合适，符合规范规定的长细比，以防立杆弯曲变形、由立杆失稳而导致整个脚手架倒塌。

六、杆件变形与挠度

作用在杆件上的外力形式不同，使杆件产生的变形也各不相同，可分为四种基本变形形式：

（1）拉伸直杆两端承受一对方向相反、作用线与杆轴线重合的拉力时，直杆长度伸长，称为拉伸变形。例如悬挑平台上的斜拉杆。

（2）压缩直杆两端承受一对方向相反、作用线与杆轴线重合的压力时，直杆长度缩短，称为压缩变形。

（3）剪切杆件承受与杆轴线垂直、方向相反、互相平行的力的作用时，构件在平行力之间的某一截面相互滑动，称为剪切变形。

（4）弯曲杆件在轴向对称面内有横向力或力偶作用时，杆件的轴线由直线变为曲线时的变形，称为弯曲变形。弯曲是脚手架、杆塔中常见的受力变形形式。

各种形式的变形必须控制在允许范围之内，否则就会发生杆件断裂、压弯、散脱等，引起事故。例如脚手架的大挠杆和小挠杆是架体中重要受力杆件，大、小挠杆受到外力作用时发生弯曲变形，这种变形的程度用挠度来度量。水平杆件在荷载作用下弯曲后的截面中心至原轴线的距离，即为挠度。水平杆件在每一节点长度内允许挠度为节点长度的1/150。挠度过大，对杆件、连接件（或绑扎物）都会发生损害，甚至断裂，危及脚手架的整体平整、稳定和安全。

铁塔组立后，各相邻节点间主材弯曲度不得超过1/750。

七、压杆的稳定性

在登高设施中，常常遇到受压杆件，例如脚手架门洞等处的上弦杆及其腹杆、构架的支撑、承重支架中的立柱等。实践和理论都证实，压杆的破坏常常不是因为强度不够，而是由于失去了稳定性。

在外力作用下，受压杆件能保持自己的形状和位置不变叫作压杆稳定。当一根杆件或一根柱子受压力作用时，在杆件截面不变的条件下，杆件越长，杆件能承受的压力越小。当压力加到一定数值时，杆件会发生弯曲变形，平衡状态被破坏而发生折断。这就称为压杆失稳。

受压杆件处于何种状态，是由施加的轴向力的大小决定的。使压杆处于临界平衡状态的轴向力称为临界力。当轴向力小于临界力时，压杆稳定，当轴向力大于临界力时，压杆失稳。对细长受压直杆，越细长的杆件越容易失稳，而且失稳是突然发生的，在作业中会造成很严重的事故，必须引起重视。例如脚手架中的大横杆和连墙杆是限制立杆纵向弯曲变形的重要稳固措施，不得任意设置或移拆，以免加大立杆的长细比，破坏整个架体的稳定性。

八、结构的几何稳定性

结构受到荷载作用后，构件将发生变形。在不考虑材料变形的条件下，在任何荷载作用下，结构能保持自身几何形状和位置不变的特性称为结构几何稳定性。这种结构体系称为几何不变体系。否则称为几何可变体系。几何可变体系不能作为脚手架、铁塔的结构使用。

铰接三角形是几何不变杆件体系的最基本形式。脚手架、铁塔、平台支架等要承受荷载，各杆件组成的体系必须是几何不变体系。例如脚手架的外形是由竖向杆、水平杆组成的多个矩形立体，绑扎剪刀撑、横向斜撑是将几何可变体系改换成几何稳定体系，它们使脚手架承受荷载后不变形，保持结构稳定和刚性。这说明几何可变体系可以通过增加杆件转化为几何不变体系。

九、摩阻力

一个物体在另一个物体表面上移动时，由于物体接触面粗糙不平，两个物体之间存在一种与物体移动方向相反、阻止物体移动的力，这个力称为摩擦力或摩擦阻力，简称摩阻力。

摩阻力有两种：

（1）滑动摩阻力：当一个物体在另一个物体的表面滑动时所产生的摩阻力称为滑动摩阻力。

（2）滚动摩阻力：当一个物体在另一个物体表面上滚动时所产生的摩阻力称为滚动摩阻力。

在表面性质相同的情况下，滚动摩阻力要比滑动摩阻力小，所以在搬运物体时，用滚动的办法比滑动的办法省力。

摩阻力在登高作业中有很重要作用，正确应用摩阻力有利于登高架设及登高安装、维修作业的安全。例如，为预防高处坠落事故，对登高作业设施要采取防滑措施（如脚手架上下通道上必须设防滑条）；登高作业人员必须穿戴防滑劳动保护用品（如冰雪天登高必须清除冰雪和穿防滑鞋）；扣件与钢管接触面要足够，不得插塞木条、布条等，扣件和钢管表面应保留足够的粗糙面；两只脚扣不得相互重叠扣在电杆上；等等。

第三节　电力高处作业的安全基本要求

高处坠落和物体打击事故是高处作业中常见的多发性事故，在电力生产中，高处作业各类事故中所占比例较大，给作业人员的人身安全造成很大威胁和严重危害。登高架设作业、高处安装与维修等作业过程中，预防高处坠落和物体打击事故是安全防护工作的重点，也是高处作业时应随时随地要关心和警惕的大事。

一、一般安全措施

（1）凡在坠落高度基准面 2m 及以上有可能坠落的高度进行的作业均称为高处作业。高处作业应设安全监护人。

（2）凡参加高处作业的人员，应每年进行一次体检。患有不宜从事高处作业病症的人员不得参加高处作业。

（3）高处作业人员应衣着灵便，穿软底鞋，并正确佩戴个人防护用具。

（4）高处作业人员必须使用安全带，且宜使用全方位防冲击安全带。安全带必须拴在牢固的构件上，并应高挂低用。施工过程中，应随时检查安全带是否拴牢。

（5）高处作业应使用速差自控器或安全自锁器，高塔作业必须使用速差自控器及安全自锁器。

（6）高处作业应使用工具袋，较大的工具应固定在牢固的构件上，不准随便乱放。上下传递物件应用绳索拴牢传递，严禁上下抛掷。

在高处作业现场，工作人员不得站在作业处的垂直下方，高空落物区不得有无关人员通行或逗留。在行人道口或人口密集区从事高处作业，工作点下方应设围栏或其他保护措施。

杆塔上下无法避免垂直交叉作业时，应做好防落物伤人的措施，作业时要相互照应，密切配合。

（7）高处作业人员在转移作业位置时不得失去保护，手扶的构件必须牢固。

在大间隔部位或杆塔头部水平转移时，应使用水平绳或增设临时扶手，垂直转移时应使用速差自控器或安全自锁器。

（8）上杆塔作业前，应先检查根部、基础和拉线是否牢固。新立杆塔在杆基未完全牢固或做好临时拉线前，严禁攀登。遇有冲刷、起土、上拔或导地线、拉线松动的杆塔，应先培土加固，打好临时拉线或支好杆架后，再行登杆。

（9）攀登无爬梯或无脚钉的钢筋混凝土电杆必须使用登杆工具。多人上下同一杆塔时应逐个进行。

（10）登杆塔前，应先检查登高工具、设施，如脚扣、升降板、安全带、梯子和脚钉、爬梯、防坠装置等是否完整牢靠。禁止携带器材登杆或在杆塔上移位。严禁利用绳索、拉线上下杆塔或顺杆下滑。上横担进行工作前，应检查横担联结是否牢固和腐蚀情况，检查时安全带（绳）应系在主杆或牢固的构件上。

（11）在带电体附件进行高处作业时，与带电体的最小安全距离必须符合表2-1的规定，遇特殊情况达不到该要求时，必须采取可靠的安全技术措施，经总工程师批准后方可施工。

表2-1　　　　　　　　　高处作业与带电体最小安全距离

带电体的电压等级（kV）	10	35	63～110	220	330	500
工器具、安装构件、导线、地线与带电体的距离（m）	2.0	3.5	4.0	5.0	6.0	7.0
作业人员的活动范围与带电体的距离（m）	1.7	2.0	2.5	4.0	5.0	6.0
整体组立杆塔与带电体的距离（m）	应大于倒杆距离（自杆塔边缘到带电体的最近侧为最小安全距离）					

（12）在气温低于-10℃时，不宜进行高处作业。确因工作需要进行作业时，作业人员应采取保暖措施，施工场所附近设置临时取暖休息所，并注意防火。高处连续工作时间不宜超过1h。

在冰雪、霜冻、雨雾天气进行高处作业，应采取防滑措施。

二、跨越架

在电力输电线路施工过程中，输电线路往往要跨越公路、铁路、河流、通信线路和电力线路，为能有效确保跨越的安全，必须搭设跨越架。所以跨越架搭设是电力线路施工过程中的一项分部工程。

（一）一般规定

（1）跨越架的型式应根据被跨越物的大小和重要性确定。重要设施的跨越架及高度超过15m的跨越架应由施工技术部门提出搭设方案，经审批后实施。

（2）搭设或拆除跨越架应设安全监护人。

（3）搭设跨越重要设施的跨越架，应事先与被跨越设施的单位取得联系，必要时应请其派员监督检查。

（4）跨越架的中心应在线路中心线上，宽度应超出新建线路两边线各 1.5m，且架顶两侧应设外伸羊角。

（5）跨越架与铁路、公路及通信线的最小安全距离应符合表 2-2 的规定。

表 2-2 跨越架与被跨越物的最小安全距离

被跨越物名称 跨越架部位	铁路	公路	通信线
与架面水平距离（m）	距离至路中心 3.0	至路边 0.6	0.6
与封顶杆垂直距离（m）	至轨顶 6.5	至路面 5.5	1.0

（6）跨越多排轨铁路、高速公路时，跨越架如不能封顶，应增加架顶高度。

（7）跨越架上应按有关规定悬挂醒目的警告标志。

（8）跨越架应经使用单位验收合格后方可使用。

（9）强风、暴雨过后应对跨越架进行检查，确认合格后方可使用。

（10）拆除钢管、木质、毛竹跨越架应自上而下逐根进行，架材应有人传递，不得抛扔；严禁上下同时拆架或将跨越架整体推倒。

（11）所有跨越架架体的强度应能在发生断线或跑线时承受冲击荷载。

1）使用金属格构式跨越架的规定：

① 跨越架架体横担中心应设置在新架线路每相导线的中心垂直投影上。

② 跨越架架顶必须设置挂胶滚筒或挂胶滚动横梁。

③ 新型金属格构式跨越架架体必须经过静载加荷试验，合格后方可使用。

④ 金属格构式跨越架架体宜采用倒装分段组立或吊车整体组立，也可采用其他方法组立。无论采用何种方法组立，均必须确保人身、设备安全。

2）使用钢管、木质、毛竹跨越架的规定：

① 木质跨越架所使用的立杆有效部分的小头直径不得小于 70mm。横杆有效部分的小头直径不得小于 80mm，60～80mm 的可双杆合并或单杆加密使用。

② 木质跨越架所使用的杉木杆，如有木质腐朽、损伤严重或弯曲过大等任一情况，则严禁使用。

③ 毛竹跨越架的立杆、大横杆、剪刀撑和支杆有效部分的小头直径不得小于 75mm。小横杆有效部分的小头直径不得小于 90mm，60～90mm 的可双杆合并或单杆加密使用。

④ 毛竹跨越架所使用的毛竹，如有青嫩、枯黄、麻斑、虫蛀以及其裂纹长度超过一节以上等任一情况的，严禁使用。

⑤ 木、竹跨越架的立杆、大横杆应错开搭接，搭接长度不得小于1.5m，绑扎时小头应压在大头上，绑扣不得少于3道。立杆、大横杆、小横杆相交时，应先绑2根，再绑第3根，不得一扣绑3根。

⑥ 钢管跨越架宜用外径48～51mm的钢管，立杆和大横杆应错开搭接，搭接长度不得小于0.5m。

⑦ 钢管跨越架所使用的钢管，如有弯曲严重、磕瘪变形、表面有严重腐蚀、裂纹或脱焊等任一情况的，严禁使用。

⑧ 钢管立杆底部应设置金属底座或垫木，并绑扫地杆。

⑨ 木质和毛竹的架体立杆均应垂直埋入坑内，杆坑底部应夯实，埋深不得少于0.5m，且大头朝下，回填土后夯实。遇松土或地面无法挖坑时应绑扫地杆。跨越架的横杆应与立杆成直角搭设。

⑩ 跨越架两端及每隔6～7根立杆应设置剪刀撑、支杆或拉线。拉线的挂点或支杆或剪刀撑的绑扎点应设在立杆与横杆的交接处，且与地面的夹角不得大于60°。支杆埋入地下的深度不得小于0.3m。

各种材质跨越架的立杆、大横杆及小横杆的间距不得大于表2-3的规定。

表2-3　　　　各种材质跨越架的立杆、大横杆及小横杆间距要求

跨越架类别	立杆（m）	大横杆（m）	小横杆（m）
钢管	2.0		1.5
木	1.5	1.2	1.0
竹	1.2		0.75

（二）特殊跨越

有下列特点之一的跨越称为特殊跨越：

（1）跨越多排轨铁路、高速公路。

（2）跨越运行电力线架空避雷线（光缆），跨越架高度大于30m。

（3）跨越220kV及以上运行电力线。

（4）跨越运行电力线路其交叉角小于30°或跨越宽度大于70m。

（5）跨越大江大河或通航河流及其他复杂地形。

特殊跨越必须编制施工技术方案或施工作业指导书，并按规定履行审批手续后报经相关方审核批准。跨越大江、大河或通航的河流除应遵守上述规定外，

在施工期间应请航监部门派人协助封航。凡参加特殊跨越的施工人员必须熟练掌握跨越施工方法并熟悉安全施工措施，经本单位组织培训和技术交底后方可参加跨越施工。

（三）运行线路跨越架

（1）跨越架顶面的搭设或拆除应在被跨越电力线停电后进行。跨越架的搭设应遵守一般规定。

（2）跨越架的宽度应超出新建线路两边线各 2m；在跨越电气化铁路和 35kV 及以上电力线的跨越架上使用绝缘尼龙绳、绝缘网封顶时，满足如下要求：

1）绝缘绳、网的弛度不得大于 2.5m，且距架空避雷线（光缆）的最小净间距不得小于表 2-4 的规定。在雨季施工时应考虑绝缘网受潮后弛度的增加。

2）在多雨季节和空气潮湿情况下，应在封网用承力绳与架体横担连接处采取分流调节保护措施。

3）跨越架架面距被跨电力线路导线之间的最小安全距离在考虑施工期间的最大风偏后不得小于表 2-4 的规定。

表 2-4　　　　　　　　　跨越架与带电体的最小安全距离

跨越架部位	被跨越电力线电压等级					
	≤10kV	35kV	66～110kV	220kV	330kV	500kV
架面与导线的水平距离（m）	1.5	1.5	2.0	2.5	5.0	6.0
无避雷线（光缆）时，封顶网（杆）与导线的垂直距离（m）	1.5	1.5	2.0	2.5	4.0	5.0
有避雷线（光缆）时，封顶网（杆）与避雷线（光缆）的垂直距离（m）	0.5	0.5	1.0	1.5	2.6	3.6

（3）跨越电气化铁路时，跨越架与电力线路的最小安全距离必须满足 35kV 电压等级的有关规定。

（4）跨越不停电线路时，作业人员不得在跨越架内侧攀登或并严禁从封顶架上通过。

（5）导线、避雷线（光缆）通过跨越架时，在用绝缘绳作引引渡或牵引过程中，架上不得有人。

三、操作平台、斗臂车

（一）操作平台上作业

在为满足各种作业需要而搭设的临时性操作台或操作架这类临时设施上的

作业称为平台作业。

1. 操作平台的种类

（1）移动式平台：常用于构件施工、装修工程、水电安装等作业。

（2）悬挑式平台：常用作吊运材料的平台，亦称卸料平台。杆塔上供人站立工作的平台，称为操作平台。

2. 操作平台的制作

（1）操作平台由专业技术人员按现行的相应规范进行设计、计算和画出图纸。操作平台可采用扣件钢管脚手架、碗扣式钢管脚手架、门式钢管脚手架等材料，由持证架子工负责搭设，或者用其他型钢材料制作。

（2）操作平台的所有构配件、辅助装置，均应进行严格检查，质量完全符合设计要求。搭设或装配的场地应有足够大的面积，而且应平整、无坡度，表面应为混凝土或其他刚性材料。

（3）移动式平台搭设支撑架时，应将移动轮固定住，必要时应加设临时支撑或缆风绳，防止晃动、位移和倾倒。立柱底端离地面不得超过80mm。操作平台的面积不应超过10m²，平台高度不应超过5m。

（4）悬挑式平台采用型钢作挑梁，以钢丝绳作吊索。挑梁的一端搁置在楼层边沿，另一端吊挂在建筑物结构上。悬挑的外口应略高于搁置一端，不得下倾。

（5）操作平台应满铺脚手板，平台周边按临边作业要求设置防护栏杆和安全网。移动式平台还应配置登高扶梯。

3. 操作平台安全使用要点

（1）操作平台交付使用之前应进行载荷、移动等试验，并由项目分管负责人组织有关部门验收，确认合格并签字后方可使用。

（2）操作平台上的施工使用荷载不得大于设计规定，严禁超载使用。移动式平台上施工荷载一般不大于 $1kN/m^2$。悬挑式平台应挂限载牌，不得悬挂起重设备。

（3）移动式平台应在坚实平整的地面上使用，支腿应伸到位并垫实。在松软的地面上使用时，支腿下应用加宽加长的方木垫实。使用前应在预定位置空试操作一次，确认液压传动、升降系统工作正常，制动装置可靠。必要时，应专人监视支腿。工作前，应将护栏关闭并拧紧连接螺栓。平台上有人工作时，严禁松动支腿及移动平台。工作人员应使用安全带。

（4）悬挑式平台的两边，应各设两道钢丝绳或斜拉。钢丝绳应有卡环和绳卡、花篮螺丝等配件，并应正确使用。

（5）杆塔上的平台不得堆放大量材料或多人站立工作，不得悬挂传递物件的绳索或起重设备。

（二）斗臂车（含曲臂式升降平台）作业

（1）斗臂车本身不符合要求，使用中会造成工作斗下落和人员坠落。不符合要求的情况包括：结构变形、裂缝或锈蚀；零部件磨损或变形；气（电）动、液压保险、制动装置失灵；螺栓和其他紧固件松动；焊接部位裂纹、脱焊；铰接点的销轴装置脱落等。为避免使用中造成工作斗下落和人员坠落，应做好定期检查和工作前检查。

1）斗臂车应经主管部门检验合格，不得超检验周期使用。

2）发现问题应及时修复。

（2）斗臂车不稳固会造成倾覆和人员坠落，不稳固情况包括地面松软、支撑不稳等。典型控制措施为：做好就位后检查和工作前检查。

1）斗臂车的工作立在坚实平整的地面上使用，在松软的地面上使用时，支腿下应用加宽加长的方木垫实。

2）使用前，应在预定位置空斗试操作一次，确认液压传动、回转、升降、伸缩系统工作正常，制动装置可靠。

3）必要时，应专人监视支腿。

（3）工作方法不正确会造成人员坠落。典型控制措施为：做好工作时检查和全过程监护。

1）工作时斗臂车发动机不应熄火。

2）上、下斗臂车操作人员应服从指挥人员的统一指挥，工作时应注意周围环境及操作速度。

3）工作中，工作人员应正确使用安全带。

第四节　电气作业的安全措施

安全生产的理论知识及操作技能是电力从业人员必须掌握的。从事电力生产作业，必须遵守电力安全工作规程。电气作业的安全措施分为组织措施和技术措施，如图 2-11 所示。

一、保证安全的组织措施

保证安全的组织措施是为实现安全作业而制订的管理方法体系和原则，是通过对电气设备和线路上工作全过程中的安全行为总结得到的。

在全部停电或部分停电的电气设备或线路上工作时，组织措施包括：现场勘察制度（适用于电力线路部分）；工作票制度；工作许可制度；工作监护制度；工作间断、转移和终结制度，其示意图如图 2-11 所示。

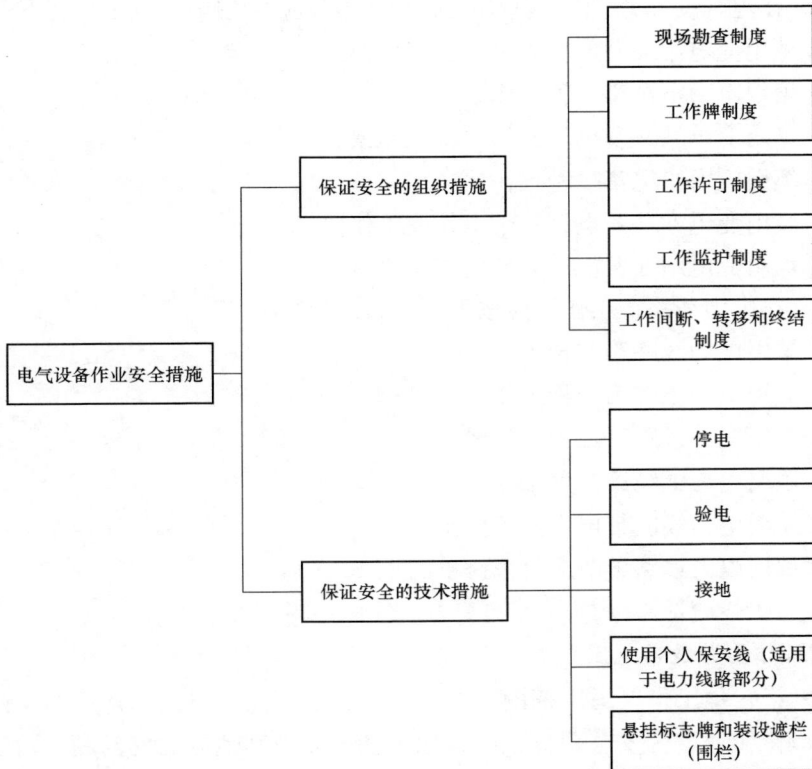

图 2-11　电气设备作业的组织措施和技术措施示意图

（一）现场勘察制度

（1）进行电力线路施工作业或工作票签发人和工作负责人认为有必要现场勘察的施工（检修）作业时，施工、检修单位均应根据工作任务组织现场勘察，并做好记录。

（2）现场勘察应查看现场施工（检修）作业需要停电的范围、保留的带电部位和作业现场的条件、环境及其他危险点等。根据现场勘察结果，对危险性、复杂性和困难程度较大的作业项目，应编辑组织措施、技术措施、安全措施，经本单位主管生产领导（总工程师）批准后执行。

（二）工作票制度

工作票是准许在电气设备或线路上工作的书面命令，工作负责人和工作许可人要凭工作票履行工作许可手续，工作票也是工作间断、转移和输终结手续的依据。

1. 工作票类型

（1）在电气设备上工作，应填用工作票或事故应急抢修单，其方式有下列6种：

1）填用变电站（发电厂）第一种工作票。

2）填用电力电缆第一种工作票。

3）填用变电站（发电厂）第二种工作票。

4）填用电力电缆第二种工作票。

5）填用变电站（发电厂）带电作业工作票。

6）填用变电站（发电厂）事故应急抢修单。

（2）在电力线路上工作，应按下列方式进行：

1）填用电力线路第一种工作票。

2）填用电力电缆第一种工作票。

3）填用电力线路第二种工作票。

4）填用电力电缆第二种工作票。

5）填用电力线路带电作业工作票。

6）填用电力线路事故应急抢修单。

7）口头或电话命令。

2. 工作票的适用范围

（1）第一种工作票适用范围。对于电气一次回路、电气二次回路、照明回路等的检修作业，因安全距离不够、地点狭窄以及其他方面的问题，对工作形成妨碍而需全部或部分停止高压设备运行，需要采取安全措施的工作，要填用第一种工作票。

（2）第二种工作票适用范围。对于电气一次回路、电气二次回路、照明回路等的检修作业，无需停止高压设备运行时，应填用第二种工作票。

（3）带电作业工作票的适用范围。对于电气设备带电作业或与邻近带电设备距离小于表2-5规定的工作；在线路带电作业或与邻近带电设备距离小于表2-5规定的工作，以及低压带电作业，应填用带电作业工作票。

表 2-5　　　　　　　　　　设备不停电时的安全距离

电压等级 （kV）	10 及以下 （13.8）	20、35	63（66）、110	220	300	500
安全距离（m）	0.70	1.00	1.50	3.00	4.00	5.00

（4）事故应急抢修单的适用范围。事故应急抢修可不用工作票，但应使用事故应急抢修单。

（5）按口头或电话命令执行的工作：有测量接地电阻；修剪树枝；杆塔底部和基础等地面检查、消缺工作；涂写杆塔号、安装标示牌等，工作地点在杆塔最下层导线以下，并能够保持表 2-6 安全距离的工作；接户、进户装置上的低压带电工作和单一电源低压分支线的停电工作。

表 2-6　　　　　　　　临近或交叉其他电力线路工作的安全距离

电压等级（kV）	安全距离（m）	电压等级（kV）	安全距离（m）
10 及以下	1.0	220	4.0
20、35	2.5	330	5.0
66、110	3.0	500	6.0

3. 工作票的填写与签发

电力系统工作须使用工作票，工作票应使用统一的票面格式，一式两份，内容应正确、清楚，不得任意涂改，工作负责人可以填写工作票。工作票形成后，由工作票签发人审核无误，手工或电子签名后方可执行。工作票也可由有权签发的供电单位、施工单位或用户单位签发。一张工作票中，工作票签发人、工作负责人和工作许可人三者不得兼任。

工作票一份应保存在工作地点，由工作负责人收执；另一份由工作许可人收执，按值移交。工作许可人应将工作票的编号、工作任务、许可及终结时间记入登记簿。

4. 工作票的使用

一个工作负责人只能发一张工作票，工作票上所列的工作地点以一个电气连接部分为限。第一种工作票，每张只能用于一条线路或同一个电气连接部位的几条供电线路，或同（联）杆塔架设且同时停送电的几条线路。第二种工作票，对同一电压等级、同类型的工作，可在数条线路上共用一张工作票。开工前工作票内的全部安全措施应一次完成。

若一个电气连接部分或一个配电装置全部停电，则所有不同地点的工作可以发给一张工作票，但要详细填明主要工作内容。在几个电气连接部分上依次进行不停电的同一类型的工作时，可以使用一张第二种工作票。在同一变电站或发电厂升压站内，依次进行的同一类型的带电作业可以使用一张带电作业工作票。

一回线路检修（施工），其邻近或交叉的其他电力线路需进行配合停电和接地时，应在工作票中列入相应的安全措施。若配合停电线路属于其他单位，应由检修（施工）单位事先书面申请，经配合线路的设备运行管理单位同意并实施停电、接地。

第一种工作票应在工作前一日预先送达运行人员，可直接送达或通过传真、局域网传送，但传真的工作票许可应待正式工作票到达后履行。临时工作票可在工作开始前直接交给工作许可人。第二种工作票和带电作业工作票可在进行工作的当天预先交给工作许可人。工作票有破损不能继续使用时，应补填新的工作票。

5．工作票的有效期与延期

第一、二种工作票和带电作业工作票的有效时间以批准的检修期为限。

【案例 2-1】 某供电分公司配电检修二班在进行 10kV 线路秋检停电作业时，配电作业的工作票是一张严重违章的工作票。工作票签发人是经电话联系后代签，工作票审核人、工作许可人都是高压专工李某一人，失去了工作票的安全审核把关作用；票上安全措施不完全，没有指明邻近带电线路，也没有布置相应的安全措施；工作任务不明确、不具体；配电工作简图没有标出有电部位，危险点预控流于形式。在一人登杆作业时，在未验电、未挂地线的情况下，直接登上变压器台，在变压器台主杆母线横担处准备作业时触感应电导致死亡。

【案例 2-2】 某单位高压试验人员在没有办理工作票的情况下，就进入变电站 63kV 场地进行试验，由于误触带电设备，造成人身轻伤事故，险些酿成更严重的后果。工作人员连工作票都不办，更谈不上分析和交代工作中的危险点。

（三）工作许可制度

工作许可制度是指工作许可人负责审查工作票所列安全措施是否正确完备、是否符合现场条件，在负责完成施工现场的安全措施后，会同工作负责人到工作现场所作的一系列证明、交代、提醒和签字，并准许检修工作开始的过程。

工作许可人在完成施工现场的安全措施后，还应完成以下手续，工作班方可开始工作：

（1）会同工作负责人到现场再次检查所做的安全措施，对具体的设备指明实际的隔离措施，证明检修设备、线路确无电压。

（2）对工作负责人指明带电设备的位置和工作过程中的注意事项。

（3）和工作负责人在工作票上分别确认、签名。

运行人员不得变更有关检修设备的运行接线方式。工作负责人、工作许可人任何一方不得擅自变更安全措施，工作中如有特殊情况需要变更时，应先取得对方的同意，变更情况及时记录在值班日志内。

（四）工作监护制度

工作监护制度是指作业人员在作业过程中受到监护人不断的严格监督和保护，以便及时纠正作业人员的一切不安全行为和错误。特别是在靠近有电部位和工作转移时，监护的作用更为重要。

专责监护人不得兼做其他工作。专责监护人临时离开时，应通知被监护人员停止工作或离开工作现场，待专责监护人回来后方可恢复工作。

【案例2-3】　在一个变电站施工现场，几个工人正在检修开关，旁边都是带电设备，却没有安全工作监护人，原来是安全工作监护人"脱岗"。

【案例2-4】　贵阳市某供电局在一次生产中，由于监护工作人失职，没有发现违规现象并及时纠正，造成一起人身死亡事故。

【案例2-5】　2003年9月24日，某供电公司中心站操作人员在进行35kV主变压器检修停电操作中，操作人朱某违章单人到2号主变压器室挂接地线，失去监护操作。在未对线路放电的情况下，操作人碰触设备。带班人兼监护人彭某未及时制止纠正，朱某触电，因抢救无效死亡。

【案例2-6】　某供电局陈某安全意识淡薄，自我保护和防范意识较差，在无人监护的情况下，擅自扩大工作范围，用木梯误登了110kV线Ⅱ母隔离开关构架，触电死亡。

事故原因：工作现场安全措施严重漏项，施工范围内的110kV间隔Ⅱ母侧隔离开关带电后，未做相应的补充安全措施，没有装设相应的围栏和警示标牌。工作票签发人在110kV间隔Ⅱ母隔离开关搭接带电后，没有在当天的工作票上就相应的安全措施做具体的交代和布置。工作负责人对陈某的工作范围和注意事项未做认真的交代，并且没有对陈某的工作监护。

以上事故若注意以下几点，便可避免：

（1）在操作全过程中，若有人离开，不管是正在操作还是在操作间隙，必须向其他人明确告知去向，严禁单人擅自操作。

（2）加强现场危险点分析，做好各种防范措施。

（3）提高安全意识，加强自我防护和相互保护，监护人必须严肃、认真地做好监护工作，负起责任。

（五）工作间断、转移和终结制度

1. 工作间断

工作间断是指工作过程中，因需要补充营养、休息或其他原因，工作人员从工作现场撤出而停止一段时间工作的情况。工作间断主要有当日间断和隔日工作间断。

（1）发电厂、变电站的工作间断。

1）当日内工作间断时，工作人员应从工作现场撤出，所有安全措施保持不动，工作票仍由工作负责人执存。间断后继续工作时无需通过工作许可人批准。

2）每日收工时，应清扫工作地点，开放已封闭的通路，并将工作票交回值班员。次日复工时，应得到值班员许可，取回工作票，工作负责人必须事前重新认真检查安全措施是否符合工作票的要求后，方可工作。若无工作负责人或监护人带领，工作人员不得进入工作地点。

3）在工作间断期间，若有紧急需要，值班员可在工作票未交回的情况下合闸送电，但应先将工作班全班人员已经离开工作地点的确切依据通知工作负责人或电气分场负责人，在得到他们可以送电的答复后方可执行，并应采取下列措施：① 拆除临时遮栏、接地线和标示牌，恢复常设遮栏，换挂"止步，高压危险！"的标示牌；② 必须在所有通路派专人守候，以便告诉工作班人员"设备已经合闸送电，不得继续工作"，守候人员在工作票未交回以前，不得离开守候地点。

（2）电力线路的工作间断。

1）白天工作间断时，工作地点的全部接地线仍保留不动。如果工作班须暂时离开工作地点，则必须采取安全措施和派人看守，不让人、畜接近挖好的基坑或接近未竖立稳塔、负载的起重和牵引机械装置等。恢复工作前，应检查接地线等各项安全措完整性。

2）在工作中遇雷、雨、大风或其他任何情况，威胁到工作人员的安全时，工作负责人或监护人可根据情况临时停止工作。

3）填用数日内工作有效的第一种工作票，每日收工时要将工作地点所装的接地线拆除，次日重新验电装接地线恢复工作。

4）经调度允许的连续停电、夜间不送电的线路，工作地点的接地线可以不拆除，但次日恢复工作前应派人检查。

2. 工作转移

在同一电气连接部分用同一工作票依次在几个工作地点转移工作时，全部安全措施由值班员在开工前一次做完，不需再办理转移手续，但工作负责人在转移工作地点时，应向工作人员交代带电范围、安全措施和注意事项。

3. 工作终结制度

检修工作终结、送电前，应按以下顺序进行检查：

（1）工作负责人应会同值班员对设备进行检查，特别要核对断路器、隔离开关的分合位置是否符合工作票规定的位置。核对无误后，双方在工作票上签字，宣布工作终结。

（2）检查设备上、线路上及工作现场的工具和材料，不应有遗漏。

（3）检修线路工作终结应检查弓子线的相序及断路器、隔离开关的分合位置是否符合工作票规定的位置。

（4）拆除临时遮栏、标示牌，恢复永久遮栏、标示牌等，同时清点全体工作人员的人数。

（5）拆除临时接地线，所拆的接地线组应与挂接的接地线组数相同，接地开关的分合位置与工作票的规定相符。接地线拆除后，即认为线路带电，不准任何人再登杆进行任何工作。

【案例2-7】　某电厂检修负责人持工作票带领人员检修给水泵，安全措施做好后，运行值班员许可工作。工作中需移动电机，汽机班副班长私自联系电气人员将电机 6kV 动力线拆除。第二日前置泵检修结束后，工作负责人到集控室向汽机主值口头交代工作，现场清扫干净，就办理了终结手续。随后汽机主值安排人员拆除安全措施，恢复系统，并联系送电，电气一值班人员开好操作票，也未到现场，就将电送上。待交班后，另一汽机值班人员对该泵注水检查时，才发觉 6kV 动力电源线裸露在接线盒外，不安全状况持续时间长达 6h。6kV 电源线在未接的情况下就已送电，假若有人靠近或接触，都将造成无可弥补的损失，事件性质较为严重，已构成未遂事故。

事故原因：

（1）该汽机副班长私自联系电气人员拆线移动电机，没有征得运行值班人员允许，擅自扩大检修范围，违反了《国家电网公司电力安全工作规程（变电部分）》和《国家电网公司电力安全工作规程（线路部分）》（这两个规程简称《安规》）。

（2）检修完后工作负责人未通知电气恢复接线，未将扩大检修范围、拆除电机接线的情况向运行人员交代，也未同许可人到现场检查就办理结票手续，与工作许可人共同违反了《安规》。

（3）电气值班人员在对前置泵送电操作中，违反了《电气运行规程》，单人操作，送电前不检查，致使 6kV 电源线未接进电机接线盒，对人身和设备造成重大威胁。

暴露问题：

（1）运行人员办理工作票流于形式，工作不负责任，思想麻痹，安全意识淡薄。

（2）检修人员对《安规》没有充分理解，工作开始与终结手续考虑不周全，没有严格执行工作票规定。

二、保证安全的技术措施

保证安全的技术措施是保障电气设备和人员生命安全最有效和必不可少的技术手段。本节介绍保证安全的技术措施的步骤及实施方法。

保证安全的技术措施是：针对在全部停电或部分停电的电气设备或线路上工作时电压防护的基本特点，利用电力与电子自身运动的规律，将检修设备或线路停电，用隔离开关与带电设备隔离，形成明显的空气绝缘间隙。然后在检修设备与各侧带电设备临近处（待修侧）装设短路接地线，并装设与检修内容相适应的遮栏等。采取这些措施既能防止断路器、隔离开关误合对检修人员的伤害，也能于各种情况下及时将检修设备或线路产生的感应电荷对地放尽。

基本步骤为：① 停电；② 验电；③ 装设接地线；④ 悬挂标示牌和装设遮栏。在电力线路工作时，还要使用个人保安线。

（一）停电

电气设备分为高压和低压两种，高压电气设备指对地电压在 1000V 以上者；低压电气设备指对地电压在 1000V 及以下者。

全部停电的工作是指室内高压设备全部停电（包括架空线路与电缆引入线），并且通至邻接高压室的门全部闭锁，以及室外高压设备全部停电（包括架空线路与电缆引入线），或供给该配电设备上的所有电源线路均已全部断开。

《安规》规定：由于高电压的存在，工作人员工作时正常活动范围与带电体之间必须保持一定的安全距离，工作地点应停电的设备包括：

（1）检修的设备。

（2）与工作人员工作时正常活动范围的距离小于表 2-7 规定的设备。

（3）在 35kV 及以下的设备处工作，安全距离虽大于表 2-7 规定，但小于表 2-5 规定，同时又无绝缘挡板、安全遮栏措施的设备。

（4）带电部分在工作人员后面、两侧、上下，且无可靠安全措施的设备。

（5）与停电作业的线路平行、交叉或同杆的有电线路，危及停电作业安全且又不能采取安全措施的，必须将平行、交叉或同杆的有电线路停电。

（6）对难以做到与电源完全断开的检修设备，可以拆除设备与电源之间的电气连接。

表 2-7　　　　　　　　在 35kV 及以下设备处工作的安全距离

电压等级（kV）	10 及以下（13.8）	20、35	63（66）、110	220	330	500
安全距离（m）	0.35	0.60	1.50	3.00	4.00	5.00

停电作业的安全要求为：

（1）将工作范围内各方进线电源都断开时，必须拉开隔离开关，隔离开关上面至少要有一个明显的断开点，并采取防止误合隔离开关的措施。为了防止反送电，应将与停电设备有关的变压器和电压互感器的断路器从高低压侧断开；对于柱上变压器，应将其熔断器的熔体取下，禁止在只用断路器断开电源的电气设备上进行作业。一旦闭合隔离开关就可能送电到停电设备的隔离开关，因此其操作把手必须上锁。

（2）与停电设备有电气连接的星形接地的电气设备的中性点也应视为带电设备，且中性点必须断开。

（3）断开断路器和隔离开关的操作电源或其他电源时，一般取下保险器和切断或关闭油、气阀门即可。当与相应继电保护装置同时检修时，还应将跳合闸线圈在开关处解开，以防保护试验时开关误动而伤害检修人员。

【案例 2-8】　某电业局线路管理处对某一 220kV 线路砍青扫障时，一名职工在无人监护的情况下，对超高竹子进行砍伐，由于竹子倒向线路侧并引起放电，造成该职工触电死亡。

【案例 2-9】　某石化厂变电站站长刘某，在高压配电间看到 2 号进线柜里有灰尘，于是找来一把笤帚打扫。当笤帚接近少油断路器下部时发生 10kV 高压电触电，造成三度烧伤，烧伤面积为 3%。在没有办理任何作业票证和采取安全技术措施的情况下，刘某擅自进入高压间打扫高压设备卫生，是严重的违章操作，是事故的直接责任者。

【案例 2-10】　2005 年 3 月 31 日，某电力安装公司在进行 66kV 电力线路施工时，有一条 10kV 电力线路不能停电，而 66kV 线路垂直于 10kV 线路上面，必须在 10kV 线路上搭设封闭跨越架才能施工。某甲方公司负责搭设跨越架，规程要求超过所架设的 66kV 线路的边线各 2m，检查发现搭设的跨越架宽度小于边线以内，与带电的 10kV 线路的水平距离和垂直距离也不够规程规定的 1.5m，只是 1m 以内，双面封顶也不符合要求，而且跨越架不坚固。电力安装公司的负责人向甲方提出拒绝施工，甲方考虑施工进度不同意，不对搭设的跨越架做任何改进，声称由甲方公司负责看管导线，保证寻线不会落到带电的 10kV 线路上，电力安装公司为确保施工安全和电气工作人员的生命，果断停止施工，所有设施和人员全部撤离现场。如果电力安装公司的负责人继续施工，在放线和紧线过程中一旦导线弹出或挂到跨越架上，必然触碰到带电的 10kV 线路，在杆塔上的 10 多名电工和杆塔下的数 10 名工作人员的生命必将受到威胁，将会发生一起重大的安全事故。

（二）验电

作业对象及进出线的各相都要进行验电，以确认无电，防止带电装设接地线或合接地隔离开关而产生恶性事故。

1. 验电操作的要求

（1）高压验电时，操作人员必须戴绝缘手套。

（2）验电时，必须使用试验合格、在有效期内、符合系统电压等级的验电器，特别要禁止与不符合系统电压等级的验电器混用。否则要么有电验不出来，要么操作人员安全得不到保证。

（3）验电前，应先在有电设备上进行试验，确证验电器良好；无法在有电设备上进行试验时，可用工频高压发生器等确证验电器良好。如果在木杆、木梯或木架上验电，不接地线不能指示者，可在验电器绝缘杆尾部接上接地线，但应经运行值班负责人或工作负责人许可。

（4）雨天室外验电时，禁止使用普通（不防水）的验电器或绝缘拉杆，以免受潮闪络或沿面放电。

（5）在停电设备的两侧（如断路器的两侧、变压器的高低压侧等）以及需要短路接地的部位，应分相验电。

（6）对无法进行直接验电的设备，可以进行间接验电，即检查隔离开关的机械指示位置、电气指示、仪表及带电显示装置指示的变化，且至少应有两个及以上指示已同时发生对应变化。若进行遥控操作，则应同时检查隔离开关的状态指示、遥测、遥信信号及带电显示装置的指示。

330kV 及以上的电气设备可采用间接验电方法进行验电。

2. 验电的方法和技巧

（1）验电的方法。

用绝缘拉杆验电要防止勾住或顶着导体，因为实接不具备放电间隙，即使有电也不会有火花和放电声。正确的方法是绝缘拉杆与导体应保持虚接或在导体表面来回蹭，如设备带电，通过放电间隙就会产生火花和放电声。

（2）验电的技巧。

1）有电状态。因工作电压的电场强度强，可以通过以下两点判断：① 验电器靠近导体一定距离时就发光（或有声光报警），显示设备有工作电压；验电器离带电体越近，亮度（或声音）就越强。操作人员细心观察，掌握这一点对判断设备是否带电非常重要。② 用绝缘拉杆验电时有"吱吱"放电声。

2）静电状态。验电器与导体接触后，有静电时才发光；但随着导体上静电荷通过验电器—人体—大地放电，验电器亮度由强变弱，最后熄灭。

3）感应电状态。与静电差不多，电位较低，一般情况验电器不亮。

【案例2-11】 2000年12月，某供电公司进行一10kV分支线路施工。事故当日，现场工作负责人张某带领检修班工人李某和两名民工到事故发生地的电杆处登杆剪除已废弃的导线。由于现场工作人员对该线路情况不熟悉，验电不准确，李某仅对废弃线路进行了验电，但对同杆架设的带电的砂轮厂内部专线未验明无电即开始工作，在剪除导线前移动中触及带电导线死亡。

【案例2-12】 某电业局两名工作人员在10kV线路变压器台上更换避雷器，其中一人拉开变压器低压侧开关后，准备拉开高压侧开关时，另一人在未验电、未挂地线的情况下登杆触电死亡。

（三）装设接地线

1. 装设接地线的原理和作用

装设接地线可以降低电位，从而实现人身安全防护。装设接地线就是基于这样的原理：把工作地点的电气设备用导电性能良好的金属与大地的接地设施（接地网和接地极）可靠地连接起来，使工作设备上的电位始终与地电位相同，形成一个等地电位作业保护区域。装设接地线不但可以将设备的感应电荷、断开部分的残余电荷放尽，还能作用于误送来的电源，使其三相短路保护瞬间动作跳闸、切断电源。装设接地线还能将雷电感应波、导线的"风磨电"全部放掉，因此，接地线是防触电的"生命线"。

2. 装设接地线注意事项

（1）装设前，根据设备接地处所在的位置选择合适的接地线，提前进行检查，保证接地线合格。

（2）准备好所使用的工器具和安全防护用具。开始操作时，操作人员应戴上绝缘手套；阴雨天应备好雨具、登高的梯子；需在杆塔上挂设时，必须系好安全带等。操作人员要选择合适的站立位置，如在平台、凳子上操作时应站稳，注意人身防护，保持好接地线与周围带电设备的安全距离，特别是在停电地点空间窄小时更应注意侉持安全距离。

（3）现场应先理顺、展放好地线。当验明设备确已无电压后，应立即将检修设备接地并三相短路。电缆及电容器接地前应逐相充分放电，星形接线电容器的中性点应接地，串联电容器及与整组电容器脱离的电容器应逐个放电，装在绝缘支架上的电容器外壳也应放电。

（4）对于因平行或邻近带电设备导致检修设备可能产生感应电压时，应加装接地线或工作人员使用个人保安线，加装的接地线应登录在工作票上，个人保安接地线由工作人员自装自拆。

（5）接地线的装设顺序是先接接地端，后接导体端；拆除时顺序相反。因为在装拆接地线的过程中可能会突然来电而发生事故，为了保证安全，操作第一步即应将接地线的接地端可靠地与地螺栓良好接触，在发生各种故障时都能有效地限制地线上的电位。拆接地线时，只有在导体端与设备全部解开后，才可拆除接地端子上的接地线。否则，若先行拆除接地端，则泄放感应电荷的通路即被隔断，操作人员再接触检修设备或地线时就有触电的危险。

（6）在多层线路上挂接地线时，应先挂低压后挂高压，先挂地线后挂相线，先挂下层后挂上层，而拆除的顺序则与之相反。为了确保安全，操作人员必须使用安全用具，且应注意保持安全距离，人体任何部位都不得与电气设备接触，接地线应由两人装设。

（7）对同杆架设的双回线、双母线、旁路母线等电气设备，停一回、另一回运行及其他产生感应电压突出明显的设备，应尽量使用接地隔离开关接地。在无接地隔离开关的设备上所挂的地线均应为带有长绝缘操作杆的地线，以减小操作人员的风险。

（8）挂设导体端时，应缓慢接近导电部分，待即将接触上的瞬间果断地将线夹挂入，并应检查接触良好，在接通导体端的整个过程中，操作人员身体不得挨靠接地线金属部分。

（9）当单人值班时，只允许使用接地开关接地，而且必须用绝缘杆操作。

3. 装设接地线的地点

（1）凡是可能突然送电至停电设备的各电源侧，或停电设备可能产生感应电压的部分，都要装设接地线。接地线与带电部分的距离应考虑接地线的摆动，其最大摆动点与带电部分的距离不应小于表2-1中所列值。

（2）检修10m及以下的母线时，可只装一组接地线；检修10m以上的母线时，视具体情况可适当增设接地线。

（3）如果检修对象为几个在电气上不相连的部分（如分段母线），则各段应分别验电和接地短路。如果配电装置全部停电，可只将可能来电的各侧接地短路，不必每段都装接地线。

（4）检修线路时，验证线路无电后，应立即在作业地段两端挂地线；对可能送电到停电线路的分支线要挂接地线；如果停电设备可能产生感应电，则停电线路应加挂接地线。停电线路与带电线路交叉跨越时，在下列地点应挂接地线。

1）停电线路在带电线路上方交叉，检修时又不松动导线，在交叉档内挂一组。

2）停电线路在带电线路上方交叉，需要松动导线检修时，在交叉档两侧各挂一组。

3）停电线路在带电线路下方交叉，检修时需要松动导线，在交叉档内挂一组。

（5）由于作业需要，必须将邻近的其他线路也停电时，该线路也应挂接地线。

【案例 2-13】　　某供电所修改线路，供电所副所长陈某带领 4 名工人检修供电所线路，8 时 40 分，陈某用一香烟纸盒写上"当班的同志，请停 105"，让一民工带到变电站。值班员黄某、李某见条后，于 9 时停了 105 高压电。停电后，陈某未做短路保护，也不设置安全保护措施，工人黎某上 105、106 共用的电杆拆旧线。约 9 时，巡线工吴某问李某："106 事故停电，是什么原因？"李某到值班室询问黄某，得知 106 是三相不平衡停电。在查阅操作表时，看到陈某写的停 105 城内电的字条，检查 106 线路后发现中相邻跌落式熔断器松动，就用绝缘操作杆将跌落式熔断器推紧，并在记录中写上"线路无事故，处理错误"。李某在排除故障过程中，已看到陈某写的字条，却不与陈某进行联系就擅自决定送电，于 10 时 10 分令值班员黄某送 106 的电。11 时 20 分，当班某和黎某再上 105、106 共杆作业时，造成班某触电死亡，黎某触电受伤。人民法院依据《刑法》第 114 条规定，以重大责任事故罪判处该所副所长陈某有期徒刑 1 年，缓刑 2 年，判处该所负责技术工作的李某免予刑事处分。

【案例 2-14】　　某供电分公司水城中心站操作人员在进行 35kV 主变压器检修停电操作中，操作人朱某在验明城柏 3511 线无电后，未进行放电即爬上梯子准备挂接地线，违反了"在挂装接地线时，应先逐相放电。电容器组和电缆线路接地前应经电阻充分放电"及"在接地线没有完全接好之前，身体各部位均不能直接接触到设备，并保持安全距离"的规定。带班人兼监护人彭某未及时纠正其未经放电就挂接地线这一违章行为，这时朱某身体碰到城柏 3511 线路电缆头处，发生了电缆剩余电荷触电事故，造成朱某死亡。

（四）使用个人保安线（适用于电力线路部分）

（1）工作地段如有邻近、平行、交叉跨越及同杆架设线路，为防止停电检修线路上感应电压伤人，在需要接触或接近导线工作时，应使用个人保安线。

（2）个人保安线应在杆塔上接触或接近导线的作业开始前挂接，作业结束脱离导线后拆除。装设时，应先接接地端，后接导线端，且接触良好，连接可靠；拆个人保安线的顺序与此相反。

（3）个人保安线应使用有透明护套的多股软铜线，截面积不得小于 $16mm^2$，且应带有绝缘手柄或绝缘部件。严禁以个人保安线代替接地线。

（4）在杆塔或横担接地通道良好的条件下，个人保安线接地端允许接在杆塔或横担上。

（五）悬挂标示牌和装设遮栏

悬挂标示牌可以提醒有关人员纠正将要进行的错误操作或动作。通常在一经合闸即可送电到作业地点的断路器或隔离开关的操作把手上，应悬挂"禁止合闸，有人工作！"的标示牌；对远距离操作的断路器和隔离开关，标示牌应悬挂在控制盘的操作把手和就地操作的把手上。标示牌的悬挂应按调度命令执行，严禁工作人员在工作中擅自移动或拆除标示牌和遮栏。

（1）在一经合闸即可送电到工作地点的断路器和隔离开关的操作把手上，均应悬挂"禁止合闸，有人工作！"的标示牌。

（2）如果线路上有人工作，应在线路断路器和隔离开关操作把手上悬挂"禁止合闸，线路有人工作！"的标示牌。

（3）部分停电的工作，安全距离小于表 2-5 规定距离以内的未停电设备，均应装设临时遮栏。临时遮栏与带电部分的距离不得小于表 2-7 的规定数值。临时遮栏可用干燥木材、橡胶或其他坚韧绝缘材料制成，装设应牢固，并悬挂"止步，高压危险！"的标示牌。

（4）35kV 及以下设备的临时遮栏，如因工作特殊需要，可用绝缘挡板与带电部分直接接触，但此种挡板必须具有高度的绝缘性能。

（5）在室内高压设备上工作时，应在工作地点两旁间隔和对面间隔的遮栏上及禁止通行的过道上悬挂"止步，高压危险！"的标示牌。

（6）高压开关柜内手车开关拉出后，隔离带电部位的挡板封闭后禁止开启，并设置"止步，高压危险！"的标示牌。

（7）在室外地面高压设备上工作时，应在工作地点四周用绳子做好围栏，围栏上悬挂适当数量的"止步，高压危险！"标示牌，标示牌必须朝向围栏里面。

（8）在室外构架上进行作业时，应在作业地点悬挂"在此工作！"的标示牌；在作业地点邻近带电部分的横梁上悬挂"止步，高压危险！"的标示牌；在作业人员上下的铁架或梯子上应悬挂"从此上下！"的标示牌；在邻近可能误登的其他构架上应悬挂"禁止攀登，高压危险！"的标示牌。

（9）安全标示牌和遮栏不得任意挪移和拆除。如果需要移动或拆除，必须取得有关负责人的同意。

第五节　电气安全工器具和劳动防护用品

一、安全用具的作用和分类

（一）安全用具的作用

电气安全用具是进行倒闸操作、维护检查、设备检修等工作时使用的保安工器具，用以防止工作中触电或电弧灼伤等对人体的伤害。《中华人民共和国安全生产法》第三十七条规定：生产经营单位必须为从业人员提供符合国家标准或者行业标准的劳动防护用品，并监督、教育从业人员按照使用规则佩戴、使用。

电力生产（建设）工作中，无论是施工安装、运行操作和检修工作，为了保障工作人员的人身安全，顺利地完成工作任务，必须使用相应的安全工器具。例如爬杆登高作业时工作人员必须使用脚扣、安全带等安全工具。正确地使用脚扣才能安全地登高，登高之后，还要把系在身上的安全带正确地固定好，才能防止高空坠落伤亡事故的发生。

在热力设备（机械）运行、检修工作中，也必须使用安全行灯、护目镜、手套、工作服等安全保护用具。例如，使用砂轮磨削金属时，应戴平光护目镜，防止金属末屑飞溅进入眼；砂轮机应装防护罩，以防砂轮片碎裂飞出伤人等。

（二）电气安全用具的分类

电气安全用具分类如图 2–12 所示。

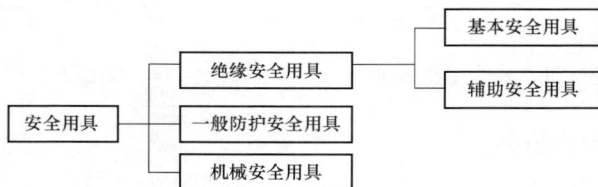

图 2–12　安全用具的分类

1. 绝缘安全用具

绝缘安全用具指带电作业或使用电气工器具时，为防止工作人员触电必须使用的绝缘工具。绝缘安全用具依据绝缘强度和所起的作用可分为基本安全用具和辅助安全用具两类。

基本安全用具是绝缘强度能长时间承受电气设备的额定电压，并能在该电压等级产生的过电压下保证人身安全的绝缘工具。基本安全用具主要包括高压验电器、绝缘杆、绝缘夹钳、绝缘挡板等，它们可直接接触带电体。

辅助安全用具的绝缘强度不足以承受电气设备的额定电压，只能用于加强基本安全用具的保安作用，防止跨步电压或接触电压触电、电弧灼伤对操作人员的伤害。辅助安全用具主要包括绝缘台（垫）、绝缘手套、绝缘鞋等劳动防护用品，它们不允许直接接触高压电气设备的带电部分。

绝缘安全用具应放在清洁、干燥的地方。

2. 一般防护安全用具

一般防护安全用具本身不具备绝缘性能，只能起到防护作用，一旦发生事故，可以减轻对工作人员伤害的程度。对电气工作来说，主要用来在停电检修设备误送电或与邻近带电设备发生感应电压时，减轻工作人员伤害程度；防止工作人员走错间隔、误登带电设备导致触电伤亡；防止跨越安全距离产生电弧灼伤。对一切登高作业人员来说，一般防护安全用具用来防止发生高处坠落事故。这类安全用具主要包括接地线、安全帽、临时遮栏、标示牌、安全带。另外，登高用的梯子、脚扣、升降板也属于一般防护安全用具。此外，还有机械安全用具，用于防止热力和机械力对人体伤害，也属于一般性防护用具。

二、安全用具的使用和试验

各种安全用具的分类如图2-13～图2-15所示。

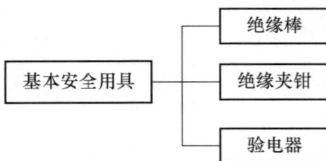

图2-13　基本安全用具分类　　　图2-14　辅助安全用具分类

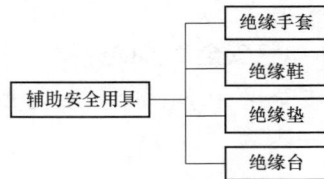

（一）基本安全用具

1. 绝缘棒

绝缘棒由工作部分、绝缘部分和握手部分组成，如图2-16所示。工作部分

```
                          ┌──────────────┐
                          │    安全带     │
                          └──────────────┘
                          ┌──────────────┐
                          │    安全帽     │
                          └──────────────┘
                          ┌──────────────┐
                          │  携带型接地线  │
                          └──────────────┘
                          ┌──────────────┐
                          │   临时遮栏    │
                          └──────────────┘
                          ┌──────────────┐
                          │    标示牌     │
                          └──────────────┘
  ┌──────────────┐        ┌──────────────┐
  │  一般防护安全用具 │────────│    脚扣      │
  └──────────────┘        └──────────────┘
                          ┌──────────────┐
                          │    升降板     │
                          └──────────────┘
                          ┌──────────────┐
                          │     梯子      │
                          └──────────────┘
                          ┌──────────────┐
                          │    安全绳     │
                          └──────────────┘
                          ┌──────────────┐
                          │    安全网     │
                          └──────────────┘
                          ┌──────────────┐
                          │    护目镜     │
                          └──────────────┘
                          ┌──────────────┐
                          │    工作服     │
                          └──────────────┘
```

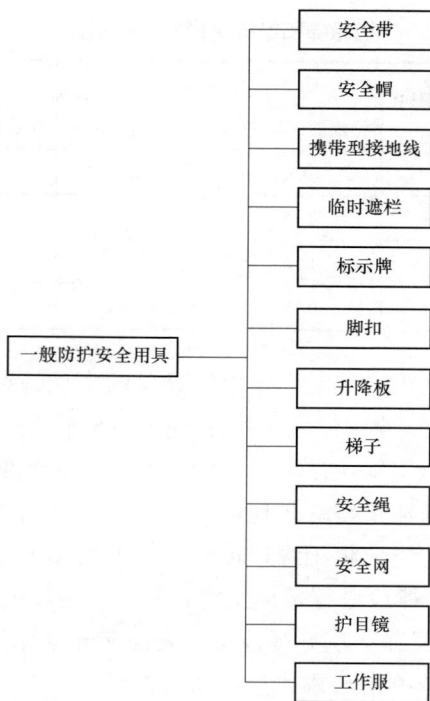

图 2-15　一般防护安全用具分类

是用机械强度较大的金属或玻璃钢制成；绝缘部分是用浸过绝缘漆的硬木、硬塑料、环氧玻璃管或胶木等制成，其长度应根据使用场合、电压等级和工作需要来选择。例如 110kV 以上电气设备使用的绝缘棒其绝缘部分长度通常是 2～3m，为了携带和使用方便，灵活调节长度的需要，可将其分段制作。各段之间通过端头的金属丝扣连接，或用其他衔接方式连接起来，使用时可拉长缩短。绝缘部分材料应光洁、无裂纹或硬伤，握手部分材料与绝缘部分材料相同。绝缘棒的各部分具体尺寸规范如表 2-8 所示。

《安规》规定，用绝缘棒拉合隔离开关或经传动机构拉合隔离开关和断路器时，均应戴绝缘手套。雨天操作室外高压设备时，绝缘棒应有防雨罩，应穿绝缘靴。接地网电阻不负荷要求时，即使晴天也应穿绝缘靴。

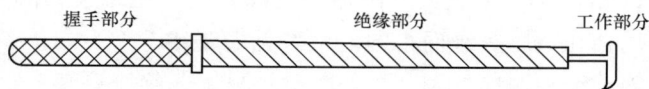

握手部分　　　　　　　　绝缘部分　　　　　　工作部分

图 2-16　绝缘棒

表 2-8　　　　　　　　　　　　绝缘棒和绝缘夹钳的最小长度

电压		户内使用		户外使用	
		绝缘部分（m）	握手部分（m）	绝缘部分（m）	握手部分（m）
10kV 以下	绝缘棒	0.7	0.3	1.10	0.40
	绝缘夹钳	0.45	0.15	0.75	0.20
35kV 以下	绝缘棒	1.10	0.40	1.40	0.60
	绝缘夹钳	0.75	0.20	1.20	0.20

　　绝缘棒使用前必须核准与所操作电气设备的电压等级是否相符。使用时，工作人员应戴绝缘手套、穿绝缘鞋（靴）；遇下雪、下雨天在室外使用绝缘棒时，绝缘棒应装有防雨的伞型罩。使用过程中，必须防止绝缘棒与其他物体碰撞而损坏表面绝缘漆。绝缘棒不得移作他用，也不得直接与墙壁或地面接触，防止破坏绝缘性能。工作完毕应将绝缘棒放在干燥的特制的架子上，或垂直地悬挂在专用的挂架上。绝缘棒应进行定期绝缘试验，不合格的应及时更换。

　　绝缘棒应每 3 个月作一次外观检查，表面应光洁无纹、无机械损伤、绝缘层无损坏，每年按表 2-9 的要求作耐压试验。

表 2-9　　　　　　　　　　　　绝缘棒耐压试验标准

名称	电压等级（kV）	周期	交流耐压（kV）	时间（min）
绝缘棒	6～10	每年一次	44	5
	35～154		4 倍相电压	
	220		3 倍相电压	

2. 绝缘夹钳

　　绝缘夹钳主要用来装卸熔断器等，是 35kV 以下电力系统中高压熔断器的拆卸、安装或需要有夹持力的电气作业时的一种常用工具，如图 2-17 所示。绝缘夹钳由工作钳口、绝缘和握手三部分组成，各部分使用材料与绝缘棒相同。绝缘和握手部分常用绝缘强度较高、机械强度较大的环氧玻璃纤维布管（棒）制成，其间用护环分开。可以张开闭合的工作部分是一个强固的夹钳，头部有一个或两个管型的钳口，用来夹紧熔断器的绝缘夹套。绝缘夹钳的各部分具体尺寸规范随使用场合和电压等级而不同，可参见表 2-9。

　　使用和保管绝缘夹钳应做到：工作时戴护目镜、绝缘手套、穿绝缘鞋（靴）或站在绝缘台（垫）上，精神集中，注意保持身体平衡，握紧绝缘夹，不使其滑脱落下；潮湿天气应使用专门的防雨绝缘夹钳。不允许在绝缘夹钳上装接地线，以免接地线在空中游荡，触碰带电部分造成接地短路或人身触电事故；使用完毕，应保存在专用的箱子或匣子里，以防受潮或磨损。

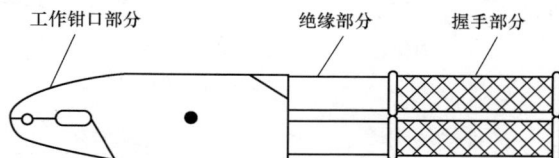

图2-17 绝缘夹钳

绝缘夹钳应每 3 个月做一次外观检查，并对钳口进行开闭活动性能检查，每年按表2-10所示进行耐压试验。

表2-10　　　　　　　　　　绝缘夹钳耐压试验标准

名称	电压等级（kV）	周期	交流耐压（kV）	时间（min）
绝缘夹钳	35 及以下	每年一次	3 倍相电压	5
	110		260	
	220		440	

3. 验电器

验电器又称测电器、试电器、电压指示器，可分为高压、低压两种，是用来检验电气设备、导线是否带电的专用器具。《安规》规定，在全部停电或部分停电的电气设备上工作时必须验电。

验电器一般靠发光或音响指示有电。工作时指示器与电阻或电容串联以限制电流，发光或音响电压不应高于额定电压的25%。

（1）高压验电器（6～220kV）。高压验电器按电压等级分成 2～3 种，按结构原理又可分为氖管式、回转式和声光报警式验电器。

在结构上高压验电器由指示和支持两部分组成，如图 2-18（b）所示。指示部分是一个用绝缘材料制成的空心管，管的一端装有金属制成的工作触头，用以与支持部分固定。在绝缘空心管内装有一个指示是否带电的氖灯管和配套的一组电容器。如果被检验的电气设备或线路带电，此时氖灯管因通过电容电流而发出光亮。支持部分是用胶木或硬橡胶制成的圆筒，它包括绝缘和握手（握柄）部分，在两者之间装有一个比握柄直径稍大的隔离护环，防止使用时手握到绝缘部分，确保操作人员安全。

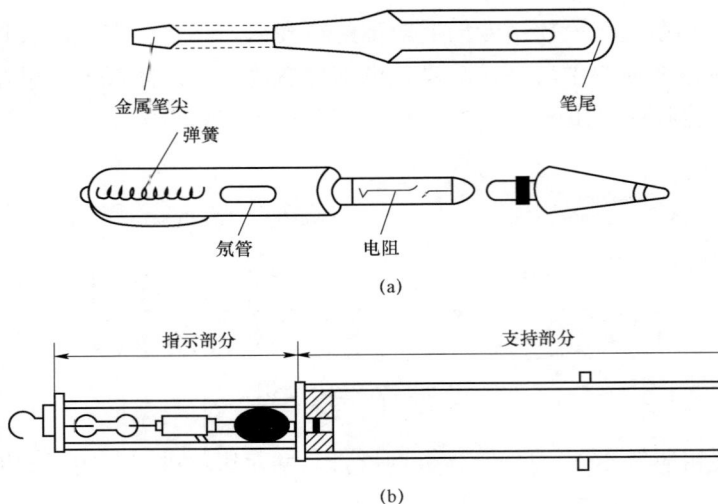

图 2-18　低压验电器和高压验电器

（a）低压验电器；（b）高压验电器

　　《安规》规定，验电时必须用电压等级合适而且合格的验电器，在检修设备进出线两侧各相分别验电。验电前，应先在有电设备上进行试验，确证验电器良好。如果在木杆、木梯或木架构上验电，不接地线不能指示者，可在验电器上接地线，但必须经值班负责人许可。高压验电必须戴绝缘手套，验电时应使用相应电压等级的专用验电器。在一经合闸即可送电到工作地点的断路器和隔离开关的操作把手上，均应悬挂"禁止合闸，有人工作！"的标示牌。

　　使用高压验电器时应注意：

　　1）必须要使用与被检验电气设备或线路电压等级一致的验电器。

　　2）验电器不应装接地线，除非在木梯、木杆上验电，不接地不能使用时，方可装接地线，但勿使接地线碰及带电体。

　　3）验电时工作人员应戴绝缘手套，不可一个人单独测量，身旁要有人监护，人与带电体应保持足够的安全距离（10kV 约为 0.7m 以上）。要按验电"三步骤"进行操作，即先将验电器逐步靠近带电部分，直到验电器发出有电指示信号，证明验电器是良好的，然后再对被验设备进行验电。验得无电时还要重新在带电部分复核检验，验电器再次发出带电指示信号，证实验电可靠。验电器用毕应存放在专用匣内，置于干燥处，防止受潮积灰，验电器应按规定进行检查、试验。

　　验电器每次使用前都应检查，如绝缘部分有无污垢、损伤、裂纹，声、光显示是否完好。氖管验电器应按表 2-11 进行耐压试验。

表 2-11　　　　　　　　　　　　验 电 器 试 验 标 准

验电器	发光耐压试验		耐压试验				
额定电压（kV）	氖气管启辉电压（kV）	氖气管清晰电压（kV）	接触端和电容器引出端之间		电容器引出端和护环边界之间		周期
			试验电压（kV）	试验时间（min）	试验电压（kV）	试验时间（min）	
6～10	2.0	2.5	25	1	40	5	6个月
20～35	8.0	10	35	1	105	5	6个月

（2）低压验电器。低压验电器俗称试电笔、验电笔。为使用方便，一般制成外形像钢笔或螺丝刀式样。

如图 2-18（a）所示，它由一个碳素高值电阻、氖灯管、弹簧金属触头和笔刀组成。低压验电器可用来检验 500V 及以下电气设备、线路是否带电，也可以用来区分火（相）线和地（中性）线。如果测试时氖灯管发亮，即证明火（相）线带电。低压验电器还可用来区分交、直流电，若检测的是交流电，则两极附近都发亮，若检测的是直流电，则仅一个极发亮。

使用低压验电器时应注意：① 用验电笔检测带电体时，手不能碰触金属探头或螺丝刀头部分，防止发生触电事故；② 在明亮的光线下检测时，往往因不易看清氖泡的辉光而产生错误的判断，应当避光检测，确保人身安全；③ 使用验电笔前，一定要在有电的带电体上（如电源插座）检测氖泡发光是否正常，然后再进行检测，防止错误判断；④ 验电笔的探头是小螺丝刀形状，它只能承受很小的扭矩，使用时应特别注意，以免损坏；⑤ 绝不允许用低压验电器测试高压电气设备、线路是否带电，否则因低压验电器无绝缘部分，会造成触电事故。

（二）辅助安全用具

1. 绝缘手套

绝缘手套是用特种橡胶制成的，如图 2-19 所示，一般作为辅助安全用具。在结构上，其套身应有足够的长度，戴上后应超过手腕10cm，分为12、

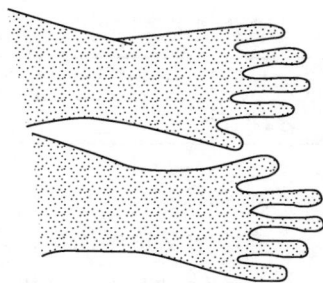

图 2-19　绝缘手套

5kV 两种。《安规》规定，高压设备发生接地时，室内不得接近故障点 4m 以内，室外不得接近故障点 8m 以内。进入上述范围的人员必须穿绝缘靴，接触设备的外壳和架构时应戴绝缘手套。一般地，在低压设备上操作时，只要戴上绝缘手套，就可直接带电操作，绝缘手套可作为基本安全用具使用；若在高压电气设

备、线路上操作绝缘手套使用前应进行外观检查，外表应无磨损、破漏、划痕等。检查时，它只能作为辅助安全用具使用。绝缘手套应按表 2-12 做耐压试验。

表 2-12 绝缘手套耐压试验标准

名称	电压等级（kV）	周期	交流耐压（kV）	泄漏电流（mA）	时间（min）
绝缘手套	高压	每 6 个月一次	8	小于等于 9	1
	低压		2.5	小于等于 2.5	

绝缘手套使用前应进行外观检查，外表应无磨损、破漏、划痕等。检查时应将手套筒吹气，压紧桶边朝手指方向卷曲，卷到一定程度，若手指鼓起，证明无砂眼漏气，可以使用。有漏气裂纹时应禁止使用，不合格的手套要及时清除，避免错用。

2. 绝缘靴（鞋）

绝缘靴（鞋）的作用是使人体与地面隔离绝缘。在进行低压操作或防护跨步电压时，绝缘靴（鞋）可作基本安全用具使用，在高压操作时可作为保持绝缘的辅助安全工具。

绝缘靴（鞋）是由特种胶制成的，外形与普通橡胶靴相似，但不上漆、无光泽。

使用前应注意进行外观检查，外表应无磨损、破漏、划痕。如有砂眼气孔，不准使用；当发现绝缘鞋底面磨光并露出黄色绝缘层时，要及时清除换新。绝缘鞋每半年按表 2-13 做耐压试验。

表 2-13 绝缘鞋耐压试验标准

名称	电压等级（kV）	周期	交流耐压（kV）	泄漏电流（mA）	时间（min）
绝缘鞋	高压	每 6 个月一次	15	小于等于 7.5	1

3. 绝缘垫

绝缘垫又称绝缘毯，也是由特种胶制成的，其保安作用与绝缘靴相同。绝缘垫一般铺设在配电装置室地面及控制屏、保护屏、发电机和调相机励磁机端处，用以在带电操作时增强操作人员对地绝缘，避免单相短路、电气设备绝缘损坏时的接触电压、跨步电压对人体伤害。《安规》规定，装卸高压熔断器时，应戴护目眼镜和绝缘手套，必要时使用绝缘夹钳，并站在绝缘垫或绝缘台上。

绝缘垫用在低压配电室的地面时，可作基本安全用具使用，但电压在 1kV 以上时，只能作为辅助安全用具。

结构上，绝缘垫表面有防滑条纹或压花，其厚度有 4、6、8、10、12mm 共 5 种，长度为 5m，宽度常为 1m，最小尺寸不宜小于 0.75m×0.75m。

使用绝缘垫时应注意保持其清洁、干燥，不得与酸、碱及各种油类物接触，以免腐蚀老化、龟裂、变黏，降低其绝缘性能。若发现上述情况，应及时更换。此外，还要避免阳光直射或锐利金属划刺。存放时要避免与热源（暖气）距离太近，以免加剧老化变质。

绝缘垫每两年试验一次，试验标准如表 2-14 所示。对耐受电压 1kV 以下者，试验电压为 5kV。试验方法如图 2-20 所示，在绝缘垫上、下面各铺上与极板相同尺寸，但比绝缘垫厚度小 10～15cm 的湿布，调整极板距离直到接触为止。对于大块绝缘垫可划分成若干等份，相邻部分依次试验。

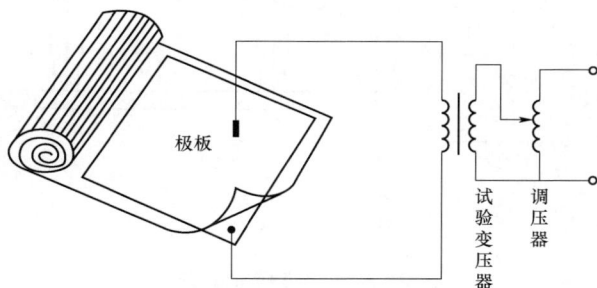

图 2-20　绝缘垫试验接法

表 2-14　　　　　　　　　　　　　　绝 缘 垫 试 验 标 准

序号	绝缘垫厚度（mm）	试验电压（kV）	时间（min）
1	4	15	2
2	6	20	2
3	8	25	2
4	10	30	2
5	12	35	2

4. 绝缘台

绝缘台是用木板或木条制成的台板，可作为辅助安全用具使用，如图 2-21 所示。绝缘台台面要用干燥、直木纹、无节疤的木条拼制，板条间留有不大于 2.5cm 的缝隙，以免鞋跟陷入。台面尺寸最小 0.8～1.5m，最大不宜超过 1.5～2.5m，以便移动和检查。台面板四角用高度不小于 10cm 的绝缘子作撑脚，与地绝缘。制作时绝缘板边缘不得伸出绝缘子以外，防止绝缘台倾翻，作业人员摔倒。

图 2-21 绝缘台

使用绝缘台前先检查台脚绝缘子有无裂纹、破损，木质台面是否干燥清洁。绝缘台多用于变电站和配电室内，用在户外时，应置于坚硬的地面，不应放在松软泥地或泥草中，以防台脚陷入，降低绝缘性能。用毕应加以妥善保管，不能随意蹬、踩或作板凳使用。每 3 年做一次耐压实验，试验电压一律为交流 40kV，持续 2min。若试验过程中有跳火花，或除去电压放电后，用手摸绝缘子，发现有发热现象，均为不合格。绝缘台试验接线可参考图 2-22 进行。

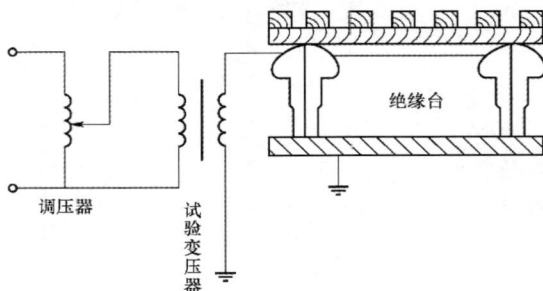

图 2-22 绝缘台试验接线

（三）一般防护安全用具

1. 安全带

安全带是用于预防高处作业人员坠落伤亡的防护用具。根据作业性质的不同，安全带可分为围杆作业和悬挂作业两种，如图 2-23 所示，主要由带子、绳子和金属配件组成。

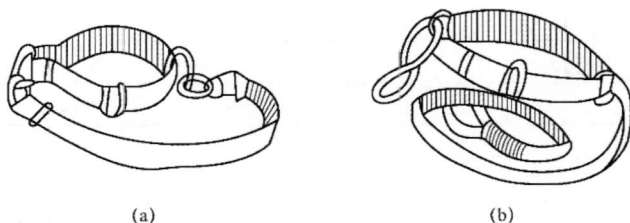

(a)　　　　　　　　　　(b)

图 2-23 安全带类型

（a）围杆式；（b）悬挂式

安全规程规定：在没有栏杆的脚手架上工作，高度超过 1.5m 时，应使用安全带，或采取其他可靠的安全措施。在电力建设高空安装施工、发电厂高空检修、架空线或变电站户外构架作业时，都应系安全带。

安全带使用和保管中应注意：使用前应作外观检查，发现变质及金属配件有断裂时严禁使用；使用时必须高挂低用，并应将活梁卡子系紧。安全带上各部件不得任意拆掉，更换新绳时要注意加绳套，带子使用期3～5年，发现缺陷提前报废。安全带可放入低温肥皂水中擦洗，不可用热水，也不准在日光下曝晒或火烤；存放时应避免与高温、明火、酸类物质、有锐角的坚硬物体及化学药品接触。安全带可按表2-15标准进行试验。

表2-15 安 全 带 试 验 标 准

名称		试验静拉力（N）	试验周期	外表检查周期	试验时间（min）
安全带	大皮带	2205	半年一次	每月一次	5
	小皮带	1470			

2. 安全帽

安全帽是保护使用者头部免受外物伤害的个人防护用具，凡是须防护高处落物（器材工具等）或有可能使头部受到伤害的情况下，无论在高处、地面工作还是其他配合工作人员都应戴安全帽。

安全帽的保护原理是：当安全帽受到冲击载荷时，可将其传递分布在头盖骨的整个面积上，避免集中打击在头颅一点而致命。在头部和帽顶的空间位置构成一个冲击能量吸收系统，起缓冲作用，以避免或减轻外物对头部的打击伤害。

根据使用场合性能要求不同，安全帽分为普通型和电报警型，安全帽外形如图2-24所示。普通型安全帽的帽壳普遍采用硬质地、强度较高的塑料或玻璃钢制作，包括帽舌、帽檐。帽壳内用韧性很好的衬带材料制作帽衬，它由围绕头围的固定衬带、头顶部接触的衬带和箍紧后枕骨部位的后箍组成。另外还有为戴稳帽子，系在下颌上的下颌带和通气孔等。电报警型安全帽适合在有触电危险的环境里进行巡查作业时使用，当工作人员在高、低压供电线路维修或安装电气设备时，一旦接近带电设备危险距离时，安全帽会自动报警，提醒工作人员避免触电事故的发生。此外电报警型安全帽还有非接触性检验高、低压线路是否断电或短线的功能。

使用电报警型安全帽应注意：当接近高压报警距离时，必须重按自检开关，若能发出报警声响，确证报警正确，方可进入高压区作业；安全帽用毕应放置在室内干燥、通风并远离电源0.5m的地方。

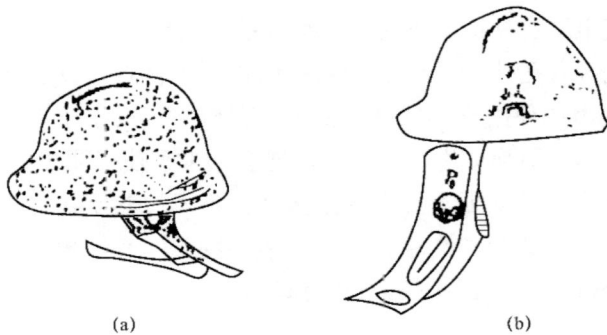

(a) (b)

图 2-24 安全帽

（a）普通型安全帽；（b）电报警型安全帽

3. 携带型接地线

携带型接地线是用于在高压电气设备停电检修或进行清扫等工作之前，为防设备突然来电或因邻近高压带电设备产生感应电压，对人体产生触电危害而放置在停电设备上的一种防护用具，也可用于放尽停电设备的剩余电荷。

携带型接地线在结构上由专用夹头和多股软铜线组成，通过夹头将接地线与接地装置、短路线与接地线连接起来，把短路线设置在需要短路接地的电气设备上。多股软铜线的截面积不得小于 $25mm^2$，并应符合短路电流通过时不致因高热而熔断的要求，此外还须具有足够的机械强度。

使用携带型接地线前必须认真检查接地线是否完好，夹头和铜线连接应牢固，一般由螺丝栓紧，再加焊锡焊牢。接地线须经验电确证断电后，由操作人员戴上绝缘手套用绝缘棒操作。装拆顺序为装设接地线时要先接接地端，后接导体端，拆接地线顺序与此相反。夹头必须夹紧，以防短路电流较大时，因接触不良熔断或因电动力作用而脱落，严禁用缠绕办法短路或接地。禁止在接地线和设备之间连接隔离开关、断路器，以防工作过程中断开而失去接地作用。接地线的放置位置应编号，对号入座，避免误拆、漏拆接地线造成事故。

4. 脚扣

脚扣是架空线路工作人员登高作业时攀登电杆的安全用具，它由钢或铝合金材料制作的，由近似半圆形的电杆套扣和带有皮带脚扣环的脚蹬板组成。半圆形套扣内圆带尖齿的用于攀登木杆，不带齿的用于攀登水泥杆。不带齿的又分为固定大小和可变大小两种，在带齿脚扣跟部还有突起的小齿，登高时可刺入杆中，起防滑作用；无齿脚扣的内圆环和根部装有橡胶套或橡胶垫，以防打滑。

脚扣使用方便，攀登速度快，但易疲劳，适用于短时作业。使用脚扣必须经过训练，掌握攀登技能，否则易发生跌伤事故。使用脚扣时应首先按电杆规格选择合适的脚扣，并进行外观检查，有腐蚀、裂纹的不得使用。在正式攀登前还应对脚扣作人体冲击试登，即在登高离地 0.5m 处，借人体重量猛力向下蹬踩，若脚扣无变形、损坏，方可使用。不准用绳子或电线代替脚扣的系脚皮带，脚扣不得随意从杆上往下摔扔，用毕应整齐地存放在工具箱里。脚扣应每月进行一次外观检查，每半年进行一次静拉力试验。

5. 升降板

升降板也称踏板、登高板、站脚板，它由踏板和吊绳组成，是一种比较灵活舒适的攀登作业工具。踏板用质地坚硬的木板制作，吊绳用锦纶绳制作。工作人员必须经过训练合格才能使用升降板。使用前应作外观检查，各部分无裂纹、腐蚀，并经人体冲击试验合格。登高时动作要平稳，作业时站立姿势要正确，不准随意从杆上往下摔扔升降板，用毕应整齐地存放在工具箱里。升降板每月进行一次外观检查，每半年进行一次静拉力试验。

6. 安全网

安全网是用来防止因作业人员高处坠落或高处落物致人受伤的防护用具。安全网的安装如图 2-25 所示。在固定的高处作业或分解、组装线路铁塔时应装设安全网。

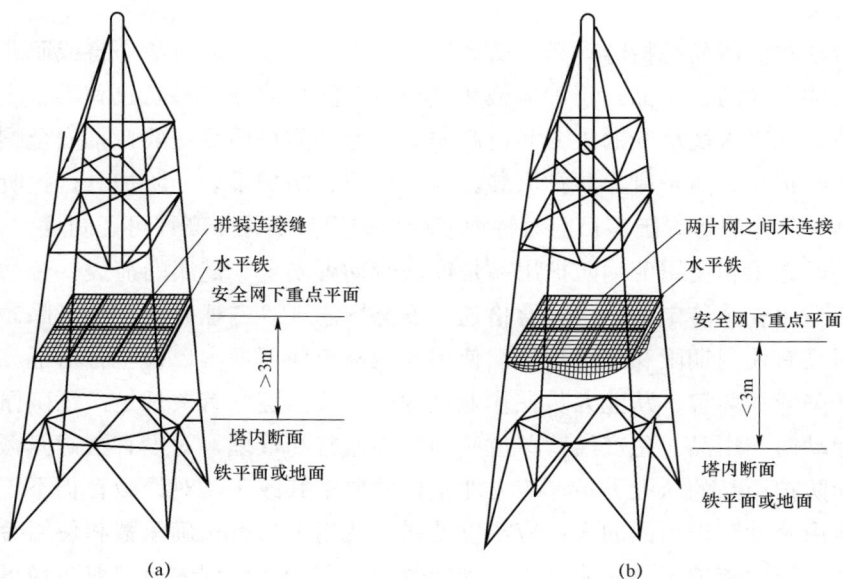

图 2-25 安全网的安装

(a) 正确；(b) 错误

安全网通常用 ϕ3mm 的锦纶绳编织成 4m×2m、6m×3m、8m×4m 这 3 种，类似渔网，但在网中还设有 ϕ8mm 的网杠绳，确保兜住高处坠落的工作人员和其他落物。

安全网在使用前应检查网绳、网杠绳是否完好，不得用其他绳索代替。组装或解体铁塔时，安全网应在距地面或塔内断面处 3m 以上的水平铁上，四脚应用 10mm 的锦纶绳牢固地绑扎在立铁或水平铁上。若一张网不够大，可以拼接使用。

7. 护目镜

护目镜是工作人员在烟灰尘粒和金属屑末飞扬的工作场所或强光刺眼的环境下，为保护眼睛不受外来伤害需佩戴的防护用具。如在砂轮机上磨削金属时工作人员应戴平光镜，焊工在焊割操作时应戴专用防护目镜，在清扫烟道、煤粉仓时也应戴防护目镜。

三、劳动防护用品

在生产和劳动过程中，劳动者常常要受到风尘、噪声、高温、辐射、冻伤、淹溺、腐蚀、打击、坠落、绞碾和有毒有害等各种职业危害因素的威胁，这些危害作用于人体会造成职业病和工伤事故，甚至危及劳动者的生命，造成重大的损失。

劳动防护用品是指劳动者在劳动过程中为免遭或减轻事故伤害或职业危害所配备的个人防护用品。正确佩戴和使用劳动防护用品能够防止和减少生产安全事故，保障人民群众的生命和财产安全。劳动防护用品一般包括安全帽、安全带、防护鞋、防护靴、防护服装、防尘口罩、防护手套、防护具、护听器、眼护具、防寒服等。国家目前对特种劳动防护用品实行生产许可证制度。

正确选用和使用劳动防护用品是保证劳动者安全与健康的前提。劳动防护用品应选用安全鉴定证、出厂合格证、安全标志证"三证齐全"的产品。劳动防护用品有使用期限和报废规定，使用前应检查使用期限、检验合格证、外观有无缺陷或损坏等。从业人员在作业过程中，应当遵守有关规定，正确佩戴和使用劳动防护用品。生产经营单位应当加强监督和管理，对没有正确佩戴和使用劳动防护用品的从业人员，应立即指出并要求其改正，对经教育仍不正确佩戴和使用劳动防护用品的人员应予以处罚。使用者只有正确佩戴和使用劳动防护用品，劳动防护用品才能真正起到使劳动者在劳动过程中免遭或减轻事故伤害或职业危害的重大作用，才能有效地保障作业者的人身安全。

第三章　高空作业车作业基础知识

第一节　汽车起重机

一、概述

起重机械是现代企业实现生产机械化、自动化、减轻体力劳动强度，提高劳动生产率的重要工具和设备。使用起重机械起升或移动的物体一般是较重的物体，在安装、拆卸、维修或空间作业时，稍有疏忽和不慎，就很容易发生倾翻、倒塌或起升、运移重物坠落等事故，从而造成财产损失或人员伤亡。因此运行管理人员以及操作人员的安全运行常识的掌握水平高低，都将对起重机械的安全运行产生直接影响。鉴于起重机械具有较高的危险性，国家不但规定了从事起重作业的人员应为特种作业人员，必须经培训、考核合格并持证上岗，还规定对起重设备进行定期检测，必须取得准运证方可运行。科技不断发展，各种先进的电气、电子、机械技术在起重机械上的应用越来越广泛，起重机械得到不断的完善，自动化程度、使用性能、工作效率均得以提高。这就需要起重机械的操作人员及维修人员不断学习新技术，新工艺，掌握新的技能水平。

二、起重机械的分类及主要参数

（一）起重机械的分类

起重机械是一种间歇动作的机械，它是用来起升或吊挂货物或使物体在空间移动，它的工作特点是周期性的。起重机械主要解决物件的起升，没有起升就无法进行物体的转移，因此，起升机构是构成起重机械的最基本部分，也是起重机械的基本特征，没有起升机构就不称为起重机械了。

起重机械大致可以分为以下三大类：

1. 轻小型起重设备

轻小型起重设备包括千斤顶、滑车、绞车、手动葫芦和电动葫芦等，其特点是构造比较紧凑简单，一般只有一个升降机构，只能使重物作单一的升降运动，因而称之为起重设备。

2. 升降机

升降机包括载人或载货电梯、连续工作的乘客升降机、施工用升降机等。升降机虽然只有一个升降动作，但远比简单起重机复杂，特别是载人的升降机，一定要有完善可靠的安全装置和其他必要的附属装置。

3. 起重机

起重机包括桥架式、臂架式、吊钩式等类型，其特点是：具有起升机构、变幅机构、旋转机构和行走机构。依靠这些机构的配合动作，可使重物在一定的范围内垂直提升和水平搬运。

（二）起重机械的主要参数

起重机的主要参数，是描述起重机械的主要技术性能，分别有起重量（Q）、起升高度（H）、跨度（S）、幅度（L）、运动速度（V）、起重臂倾角、工作类型、起重机工作级别等。

1. 起重量

起重量是指被起升物体的质量。常用的有额定起重量、总起重量和有效起重量。

（1）额定起重量：起重机允许吊起物体的质量连同可分吊具的质量总和。

（2）总起重量：起重机能吊起的重物的质量总和。

（3）最大起重量：起重机在正常工作条件下允许吊起的最大额定起重量。

2. 起升高度

起升高度是指起重机械从起重机运行轨道顶面到上升极限位置的垂直距离。如起重机的取物装置可以下降到起重机运行轨道顶面以下或工作地面以下时，下放的最低点到起重机运行轨道顶面或工作场地地面的垂直距离为下降深度。起升高度和下降深度之和称为总起升高度。

3. 跨度

跨度是指桥架型起重机支撑中心线之间的水平距离，即两运行轨道中心线之间的距离。

4. 幅度

幅度是指起重机械置于水平场地时，空载吊具垂直中心线至回转中心线之间的水平距离。它分为最大幅度和最小幅度。

（1）最大幅度：是指起重机工作时，臂架倾角最小或小车在臂架最外极限位置的幅度。

（2）最小幅度：是指臂架倾角最大或小车在臂架最内侧极限位置的幅度。

5．起重臂倾角

起重臂的倾角是指在起升平面内，起重臂纵向中心线与水平线的夹角。

6．运动速度

起重机械的运动速度一般有起升（下降）速度、运行速度、变幅速度、起重臂伸缩速度、行驶速度、回转速度等。

（1）起升（下降）速度：是指稳定状态下，额定载荷的垂直位移速度。

（2）运行速度：是指稳定运行状态下，离10m高度处，风速小于3m/s时，带载荷时的运动速度。一般有大车速度和小车速度。

（3）变幅速度：是指稳定运行状态下，额定载荷在变幅平面内水平位移的平均速度。

（4）起重臂伸缩速度：起重臂伸出或缩回时，其尖部沿臂架纵向中心线的移动速度。

（5）行驶速度：在道路行驶状态下，起重机由自身动力驱动的最大运行速度。

（6）回转速度：是指稳定运行状态下，离地10m高度处，风速3m/s时，起重机幅度最大，且带额定载荷时转动部分回转角速度的转速。

7．工作类型

起重机工作类型是指起重机工作的忙闲程度和载荷变化程度的参数。

根据起重机忙闲程度和载荷变化程度把起重机的工作类型划分为轻级、中级、重级和特重级四种级别。

起重量大的不一定是重量级，起重量小的不一定是轻级。如一台起重量100t的起重机，工作时间很少，一年只用一、二次，其余时间都是空闲的，那么尽管起重量大，但它的工作类型应是轻级。相反一台起重量为10t的起重机，每天不停地作业，空闲时间很少，虽然起重量较小，但其工作类型是重级。因此起重机的级别是根据起重机使用时间来决定的，使用时间越长级别越大。

8．起重机工作级别

（1）起重机的利用等级（U）。起重机的利用等级表示起重机在其有效寿命期间的使用频繁程度。起重机的利用等级由轻闲到繁忙分为 $U_0 \sim U_9$ 十个等级。

（2）起重机的载荷状态。起重机的载荷状态是根据起升额定载荷的程度由

低到高分为 $Q_1 \sim Q_4$ 四个等级。

（3）起重机工作级别。根据起重机的利用等级和载荷状态，把起重机的工作级别分为 $A_1 \sim A_8$ 八种，如表 3-1 所示。

表 3-1   起重机的工作级别分类表

载荷状态	K_P	利 用 等 级									
		U_0	U_1	U_2	U_3	U_4	U_5	U_6	U_7	U_8	U_9
Q_1	0.125			A_1	A_2	A_3	A_4	A_5	A_6	A_7	A_8
Q_2	0.250		A_1	A_2	A_3	A_4	A_5	A_6	A_7	A_8	
Q_3	0.500	A_1	A_2	A_3	A_4	A_5	A_6	A_7	A_8		
Q_4	1.000	A_2	A_3	A_4	A_5	A_6	A_7	A_8			

从以上分类可以得出，起重机工作级别是依据金属结构受力状态为依据的。它与起重机工作类型的划分是不同的，但是两者间还是相关的，即 $A_1 \sim A_4$ 相当于轻型；$A_5 \sim A_6$ 相当于中型；A_7 相当于重型；A_8 相当于特重型。

三、汽车起重机的结构及组成

在汽车专用底盘或汽车上装置起重设备，完成装卸货物和建筑构件吊装任务的汽车称之为起重汽车即汽车起重机。它是一种自行式旋转机械，所以也称为汽车吊机。汽车起重机广泛应用于建筑工程、交通运输、油田、矿山、码头和国防部门，特别适用于货物分散、场地狭窄货物起落高度大的施工现场。

（一）汽车起重机的结构

使用汽车起重机进行吊装作业时由上车部分来完成，进行位置转移时由下车部分承担，其总体结构主要可以分为以下几部分：

1. 上车部分

（1）起重装置：完成货物的起升和降落作业，包括取物装置、滑轮组、钢丝绳、转扬、吊臂等。

（2）吊臂伸缩和变幅装置：为了提高起重汽车的工作效率，增大工作幅度和吊装货物的高度，包括吊臂伸缩油缸、箱形臂杆和变幅油缸等。

（3）回转装置：用以适应短程作业状态的转动变位，包括转台、回转机构等。

（4）传动装置（同时包括下车部分传动）：指动力由发动机通过变速器改变其他传动形式传递到起重机回转、变幅、伸缩等装置的传动机构。

2. 下车部分

（1）行走装置：汽车的行驶过程中需要发生起重汽车位移的所有装置。

（2）支腿机构：吊装货物时起重机的稳定性所要达到要求的装置。

（二）全液压汽车起重机的基本组成

全液压起重机是利用液压传动和操纵完成货物的吊装作业的，它主要由上车起重机部分和下车运载车辆两部分组成。

1. 转扬机构

转扬机构也称绞车。利用液压马达经减速装置驱动卷筒缠绕吊钩钢丝绳，钢丝绳绕过臂杆顶部滑轮组，使吊钩提升或降落重物，完成货物的升降。

2. 臂杆

臂杆内箱形结构物，由数节套装在一起，第一节臂杆由转台和变幅缸铰接支承，内装有液压伸缩缸，控制臂杆的伸缩。一般吊车的起升高度和起重量越大，臂杆节数越多。

3. 在伸出吊臂后，经过一定时间，因液压油温的变化而吊臂会稍微伸缩，这种自然伸缩受到吊臂伸缩状态、主臂仰角、润滑状态等因素的影响，为避免自然缩回，应注意下列事项：

（1）不要使液压油温度过于上升。

（2）吊臂发生自然缩回时，应适当进行伸缩操作来恢复所需长度。

第二节　高空作业车

一、高空作业车的主要技术参数

高空作业车的型式，高度、跨度、回转半径等技术指标和主要技术参数有多种，现主要介绍以下一种车辆的主要技术参数。

（一）行驶性能参数

型号为HYL5040JGK，产品规格为GC120-01，底盘型号为NJ1041BGG22，轴距为3308mm，外形尺寸有多种。

发动机：型号为BN492QB1，功率为62.5kW，排量有多种。

驾驶室准乘人数为6人，总质量为4656kg，接近角为30°，离去角为16°，最高时速为60km/h。

（二）正常工作条件

（1）环境温度在-20～40℃。

（2）风力不超过 6 级。

（3）工作场地不允许有暗沟、空洞，地面要坚实平整；工作时车架必须处于水平状态。

（三）工作性能参数

（1）最大工作高度为 12 000mm。

（2）最大工作半径为 5360mm。

（3）最大工作半径时的高度为 6375mm。

（4）回转角度为±360°。

（5）支腿横向跨距和纵向跨距：前支腿、后支腿跨距分别为 1750、2750mm，纵向跨距为 2640mm。

（6）工作斗额定载荷为 200kg（包括载人）。

（7）工作斗容纳人数为 2 人。

（8）最大起吊高度为 7300mm。

（9）钓钩额定起重量为 1000kg。

（10）上臂最大升角为 70°（与水平线正夹角）。

（11）下臂最大升角为 70°（与水平线正夹角）。

（12）工作斗摆动角度为左右各 45°。

二、高空作业车的结构及工作原理

（一）液压部分

液压传动技术的基础是 1650 年 Pascal 提出的水静压力原理，作为工业应用则开始于 1795 年以水为介质的水压机在英国付诸实施。直到 1906 年美国战舰 Virgmia 号，首次将油作为介质，应用于起吊和操纵火炮，较好地解决了润滑和密封问题，使液压技术开始迅速发展起来。

20 世纪 60 年代末至 70 年代初，先后在瑞士和日本出现了比例方向阀和比例压力阀、比例流量阀，标志着定值控制和伺服控制之间的比例控制技术的诞生，这使得液压技术不仅作为一种基本的、重要的传动形式，还以优良的静态、动态性能成为一种重要的控制手段。

（1）液压传动的原理。液压传动技术是以帕斯卡原理为基础的。帕斯卡原理简单来说就是对密闭的容器中静止的理想液体施加一定的压力，则该压力以相等的强度在液压内传递。

（2）液压传动系统的组成。凡是液体介质的压力能来传递能量的装置称为液压传动装置。一个简单而完整的液压系统由下列部分组成：

1）动力部分：是将原动机的机械能转换成液体介质压力能的元件，即油泵。

2）执行部分：是将液体介质压力能转换成机械能的元件，如油马达和油缸。

3）控制部分：是为控制系统中的流量、压力和执行的运动方向服务的元件，如各种压力阀、流量阀和方向阀等液压元件。

4）辅助部分：系统中的辅助元件，如压力表、滤油器、油管、油箱等。

5）工作介质：将机械能进行转换和传递的作用，如液压油和乳化液。

（二）动力部分

在液压系统中，液压泵作为动力源，提供液压传动所需的流量和压力。它是根据工作腔的容积变化而进行吸油和排油的，因此这种泵也称为容积泵。

液压泵的形式非常多。常用的类型按结构可分为齿轮式、叶片式、螺杆式、轴向柱塞式、径向柱塞式五类；按排量可分为定量型、变量型。

1. 液压泵的工作特点

（1）液压泵的吸油腔压力过低将会导致压力不足，异常噪声，甚至无法工作。

（2）液压泵的工作压力取决于负载阻力情况。为了防止压力过高而使泵和系统受到损害，要采取限压措施。

（3）变量泵可以通过调节排量来改变流量，定量泵只用改变转速的办法来调节流量。对定量泵来讲，转速增大受到吸油性能、泵的使用寿命的限制，但转速低会使容积效率降低，无法保证正常工作。

（4）液压泵的流量具有某种程度的脉动性质，必要时可在系统中设置蓄能器或消振器。

（5）液压泵靠工作腔的容积变化来吸、排油。

2. 齿轮泵

（1）工作原理。齿轮泵是利用一对齿轮的啮合运动，造成吸、排油腔的容积变化进行工作的。齿轮两端面靠端盖密封，由壳体、端盖和齿轮的各个齿槽组成密封的工作空间。当齿轮方向旋转时，右侧吸油腔的齿逐渐分高，使容积增大，形成部分真空，油压在大气压的作用下，经吸油管吸入吸油腔。随着齿轮的旋转，齿槽内的油液被带到左侧压油腔。因齿轮在左侧不断啮合，齿间的油液被挤出，从压油腔输送到压力管路中去。齿轮泵的排量是不可调整的。一般低压齿轮泵的工作压力为 2.5MPa；中高压齿轮泵的工作压力为 16～20MPa；某些齿轮泵的工作压力已达 32MPa，最高转速一般可达 3000r/min 左右，不适用于低转速的工况。

（2）常见故障及排除方法见表 3-2。

表 3-2 　　　　　　　　　　　　常见故障及排除方法

故障现象	产生原因	排除方法
建不起额定压力油缸动作缓慢或不动作	① 泵的使用型号不对，旋转方向错误； ② 吸油管路或滤油器堵塞； ③ 轴套端面严重磨损； ④ 密封件失效； ⑤ 油液黏度过大或油温过高	① 更换型号正确的泵； ② 查出堵塞原因并排除，清洗滤油器； ③ 修整轴套及齿轮端面； ④ 更换密封件； ⑤ 选用合适的油液或停车冷却
噪声严重，油箱中有大量气泡，压力表压力被动厉害	① 闭紧油封工作边缘磨损，橡胶弹性降低，弹簧失效，引起吸油； ② 齿轮泵进油管	① 更换自紧油封； ② 拧紧螺钉、螺母； ③ 除去堵塞物，使吸油管畅通
进出油口连接处漏油	① 紧固螺松； ② 密封圈损坏	① 拧紧螺母； ② 更换密封圈

（三）执行部分

1. 油缸

油缸以直线往复运动将液压能转变为机械能。

（1）油缸的种类。根据结构特点油箱可分为活塞式、柱塞式、摆动式三类。

（2）油缸内密封件安装注意事项。

1）活塞上的斯特封必须使用专用工具安装。

2）安装时，筒体口可涂抹润滑油。

3）安装时，活塞端的密封件不可直接压入（应轻轻地压入筒体内），在密封件压至筒体上第一个油口时，从油口外侧用一字螺丝刀压露出的密封件，并推活塞进入筒体，防止密封件破损。

4）油缸内的各种部件不得忘记安装；在将活塞装入之前，进行安装前的检查。（尤其是卡簧或匼定螺母与开口销）。

（3）油缸拆卸的注意事项。

1）拆油缸时，必须使车辆处于原始状态。

2）如拆卸上臂油缸，最好将工作臂回转至驾驶室的后方，以免在拆卸中损坏驾驶室与挡风玻璃等。

3）在拆卸油缸轴前，先将油缸上的液压锁卸下或拧松油缸回油口上的螺钉，使油缸轴不受油缸的拉或压力。

4）安装下臂油缸时，请注意以下内容：

降下臂至托架内，使托架缓冲橡胶与下臂间隙为 0mm，同时须满足缓冲橡胶不受下臂的压力的条件。此时下臂油缸的活塞杆应有 5～7mm 的行程余量可以收缩，从而使下臂油缸全部收缩时，有一定的预紧力。油缸活塞的行程余量不在 5～7mm 范围时，应调整油缸丁字接头。

按上述方法调整后的丁字接头的螺纹旋合长度应大于等于螺纹的公称直径，否则更换丁字接头。

（4）油缸常见故障与处理方法见表 3-3。

表 3-3　　　　　　　　　　油缸常见故障与处理

现象	原因	排除
油缸的活塞杆会自动伸缩	① 活塞上的密封件密封不良引起内泄； ② 筒体内壁不光滑刮伤活塞上的密封件； ③ 其他原因（如液压锁）	① 更换密封件； ② 更换油缸； ③ 更换液压锁
油缸轴向漏油	油缸导向套上的密封圈损坏	更换密封圈
油缸体渗漏	缸体砂眼引起漏油	较小时可用补焊处理，较大呈长条形时需更换油缸
进回油口接头漏油	① 螺钉松动； ② 密封件损坏、老化	① 紧固螺； ② 更换密封件

2. 马达

液压马达是以旋转运动的方式，将液压能转换为机械能的液压元件。从理论上讲，任何一种容积式液压泵都可以作为液压马达来使用，具有可逆性。但有些液压泵为了提高泵的性能，在结构上采取了一些措施，限制了其可逆性。

（四）控制部分

1. 溢流阀

在系统中，溢流阀又称压力安全阀，维护系统压力在设定的安全压力范围内，起溢流稳压的保护作用。

（1）直动式溢流阀。按阀芯的结构，直动式溢流阀有座阀和滑阀两种形式。座阀结构又有球阀和锥阀两种。直动式溢流阀中，作用在阀芯上的液压力直接与弹簧力相平衡，所以调节弹簧的预紧力便可以调整液压系统的最大压力。

（2）先导式溢流阀。先导式溢流阀由先导阀和主阀组成。它的特点是利用主阀芯两侧的压力差来移动主阀芯，使压力油从开启的溢油腔流回油箱。当系统压力较低时，锥阀不能打开，主阀芯两端的压力相等，主阀芯不动作，溢流阀腔被关闭；当系统压力大于先导调压阀弹簧力时，锥阀就被打开，压力油流过锥阀后，经过阀芯体内的小孔流回溢流腔。在阻尼孔的作用下，主阀芯两侧在短时间内产生压力差，使得主阀芯被向上推动，进油腔与溢流腔连通，油液流回油箱，实现溢流作用。

2. 方向控制阀

方向控制阀是用来控制液压系统中油液流动方向的阀，如单向阀、梭阀、换向阀。

（1）单向阀：单向阀的作用是只许油流向一个方向流动而不能反向流动。按密封方式不同，有球式单向阀和锥式单向阀。

（2）梭阀：通过改变进油油路，仍能向同一油口供油。

（3）换向阀：换向阀的作用是组成换向回路以改变系统的液流方向，使执行机构的运动换向。

从阀芯与阀体相对运动的方式看，可分为转阀式和滑阀式两种。

（1）转阀：转阀是最简单的换向阀。结构简单、紧凑，但密封性差，适用于低压小流量系统中。

（2）滑阀：滑阀机能是指阀芯处在阀体的中间位置时，各油路的连通状态。按滑阀动作的控制方式分为以下几种：

1）手动换向阀：在换向阀的阀体上有几个不同油口，它们分别与阀体上相应的沉割槽之间是接通还是隔开取决于换向阀阀芯的不同位置，改变阀芯的位置就可以换制油液的流动方向，实现换向的目的。

手动换向阀有弹簧对中自动复位式和钢珠弹定位式两种。

2）电磁换向阀：电磁换向阀利用电磁铁推动阀芯移动来控制油流的方向，是液压控制系统的重要元件，按照电磁铁内部是否有油侵入，又分为干式和湿式两种。以三位四通"O"形滑阀机能的电磁阀为例。阀体内有沉割槽，中间为进油腔 P，与其相邻的为出油腔 A 和 B。两端为两个相互连通的回油腔 T，当两端电磁铁都断电时，阀芯处于中间位置，P、A、B、T 各油腔各不相同。当左端电磁铁通电时，电磁铁产生的力推动阀芯向右移动，使 P 和 B 联通，A 和 T 连通；当右端的电磁铁通电时，则呈现 P 和 A，B 和 T 相通的状态。电磁铁断电后，在弹簧力的作用下阀芯到中间位置，恢复原来四个油腔相互封闭的状态。

3）电液换向阀。电液换向阀由电磁阀与液控阀两部分组成。电磁阀起先导作用，可以改变控制液流的流向，以改变液动滑阀的阀芯位置，实现控制油路的换向。由于电液换向阀既能实现换向的缓冲（换向时间可调），又能用较小的电磁铁来控制较大流量的液流换向，所以适用于高压大流量的液压系统中。

换向阀的主要故障原因与排除方法见表 3-4。

表 3-4　　　　　　　　　换向阀故障的原因及处理方法

原因	处理
滑阀被杂质卡死	清洗阀腔、滑阀
阀体变形引起滑阀卡死	阀体安装螺栓过紧或安装扭力不均匀，要重新安装
复位弹簧损坏	更换弹簧
电磁线圈损坏	更换电磁线圈

3. 流量控制阀

流量控制阀是用来控制系统中液体的流量，使执行元件的速度获得改变。常规的流量阀可分为节流阀、调速阀、分流阀等。

4. 液压锁

液压锁又称双向液控单向阀。液压锁安装在垂直支腿油缸、下臂油缸、上臂油缸等处，起到锁闭油缸内油液回路，防止油缸自动伸缩的作用。

（1）作用原理。当压力油从 A 口流向 B 口时，单向阀被打开而形成通路，此时压力油同时作用于中间的柱塞，使之向右移动将另一侧的单向阀顶开。从而形成 B′ 与 A′ 的油路，当压力油从 A′ 流向 B′ 口时，则作用过程正好相反，当系统处于静止状态时，两侧的单向阀在弹簧力的作用下，锁闭各油口的通路。

（2）故障处理。

1）端盖螺母处渗漏时，可拆卸螺母后用，生料带缠绕或涂抹密封胶使之密封。

2）液压锁锁不住大致有三个原因：

① 单向阀与阀座密封不良，产生泄漏，此时应更换液压锁；

② 单向阀在阀体内被杂质卡死而不能左右滑动，导致液压锁锁不住，此时应清洗液压锁；

③ 弹簧损坏，使单向阀不能复位或不能密封的闭合，此时应更换弹簧。

5. 平衡阀

平衡阀由内部泄油的压力阀和单向阀组成，主要安装在上、下臂油缸上，用以控制上、下臂自锁和在升、降时的稳定性。

（五）辅助部分

液压系统辅助部分由油箱、滤油器、截止阀、压力表、软管、密封件等组成。

1. 液压油箱

液压油箱由进油滤清器、放油堵、滤网、回油管等组成。

液压油的存量：正常情况是油面距箱顶约 100mm。

2. 滤油器

滤油器安装在回油管的油箱进口处，用于滤除油液中的微粒杂质。

检查与更换液压油时，须清洗滤油器及滤芯，纸质滤芯破损或使用时间较长时，更换同型号或相同滤油精度的滤芯。

（六）工作介质

高空作业车的工作介质即指液压油。液压系统的工作可靠性、工作效率和工作寿命与液压油的清洁度有着密切的关系。

1. 液压油检查与判断

（1）正常的液压油是半透明的，当液压油变成乳白色是油液中混入空气引起的，须全部进行更换。

（2）油液中有小黑点或闪光时，是有杂质和金属屑导致，必须进行过滤处理或者更换。

（3）油液变成黑褐色或黄褐色，并伴有一股恶臭时，是油液氧化变质导致，必须彻底更换。

2. 更换液压油后的注意事项

（1）车辆停放平稳后，停止发动机。

（2）准备一只清洁的大容器（与油箱相当）。

（3）放完油后，要清洗油箱及滤油器。

3. 液压油选用标准

普通车型液压油选用标准参考如下：正常情况（随车）选用 L-HM32 抗磨液压油，冬季（北方地区）选用 L-HM22 低倾点抗磨液压油。

进口型产品车的液压油选用标准参考各车型的使用说明书。

（七）机械部分

1. 取力装置

取力装置位于发动机变速箱左侧，由离合操纵手柄、取力箱和油泵组成。用于将汽车发动机动力输出至液压系统油泵，通过扳动取力操作手柄使取力齿轮与汽车变速箱取力输出齿轮啮合或分离使油泵工作和停止。

取力装置只能在需要液压系统工作时才能使用，因此在操作液压系统时必须将取力齿轮与汽车变速箱取力输出齿轮啮合。

2. 回转机构

回转机构由液压马达、蜗轮箱和回转支承组成，它位于副大梁后部，其工作原理是：由液压马达驱动蜗轮、蜗杆，再由蜗轮箱上的输出小齿轮旋转带动回转支承，使转台回转。

3. 中心回转接头

中心回转接头安装在转台中心处，用以实现回转中油液及电能的传递。

4. 自动停止及报警装置

自动停止及报警装置的作用是：当臂动作到极限位置时，安全控制系统通过限位行程开关来可靠限制臂架的动作。

5. 液压系统

以南京底盘、中国油路 GC120−01 车型进行说明（其他车型按照其说明书使用）：此款车整个液压系统由一台排量为 16mL/r 的齿轮泵供油，系统的最大工作压力 15MPa，其系统工作压力由溢流阀调定。

（1）当上部机构不工作时，油泵排出的工作油→支腿操纵阀中的上下油路切换阀→中心回转体→节流阀→起重的 K 型阀→中心回转体→滤油器→油箱。

（2）当下部工作时，扳动支腿操纵阀中的上下油路切换阀，油路进入支腿操纵阀，然后扳动相应的支腿操纵杆，压力油经各管道和双向液压锁使相应的支腿动作。

使用时应注意：上部动作时水平支腿必须伸足，垂直支腿必须正确着地支撑，使车架基本水平。

（3）当上部起始工作时，应先操纵上部电磁阀的操作拨钮，使相应的电磁阀动作，此时低压油进入阀腔，使相应的工作机构处于准备状态，然后缓慢扳动节流阀手柄（既调速操纵杆），使节流阀逐渐关闭，压力随之建立起来，相应的工作机构就开始加速动作。当需要停止上部各机构动作时，先缓慢松节流阀手柄，使压力缓慢消失，然后关掉相应的电磁阀。

使用时必须注意：上部机构动作的平稳性是与正确的操作方法有关的。

（4）四个垂直支腿油缸、上臂、伸缩臂、下臂油缸都装有双向液压锁，其作用是油缸到所需位置后，将油缸锁住不动，以防造成事故。

6. 电气系统及操作方法

五十铃底盘、JMC 底盘和南京底盘、中国油路（GC120−01、GC120−05、GC120−07、GC120−08 等）、GC120 系列高空作业车电源采用 12V 汽车电瓶供电，负极搭铁。接通驾驶室里的电源开关，红色指示灯亮，此时 12V 电源已接通，在支腿撑出的情况下，即可进行操作。

（1）转台操作：打开转台电源开关、电源指示灯亮，说明供电正常，可进行如下操作。本车是采用双向自动复位防水拨钮开关来选择相应的动作，操作者可根据要求，拨动相应的防水拨钮开关到所需位置不放，再扳动无级调速操纵杆，即可产生动作。如不拨动防水拨钮，仅扳操纵杆，则不会产生动作。

1）上臂升降：将转台标牌扳上的上臂防水拨钮扳到相应的位置不放（升或降），扳动调速操纵杆，上臂即可升或降。

2）下臂升降：将转台标牌扳上的下臂防水拨钮扳到相应的位置不放（升或降），扳动调速操纵杆，上臂即可升或降。

3）转台回转：将转台标牌扳上的回转防水拨钮扳到相应的位置不放（左或右），扳动调速操纵杆，转台即可左或右旋转。

4）伸缩臂伸缩：将转台标牌拌上的伸缩臂防水拨钮扳到相应的位置不放（伸或缩），扳动调速操纵杆，伸缩臂即可伸或缩。

5）起重作业：将转台标牌扳上的起重防水拨钮扳到相应的位置不放（伸或降），吊钩即可升或降，进行起重作业。

（2）工作斗内操作：打开电源开关，电源指示灯亮，说明工作斗供电正常，可进行操作，操作方法与转台操作相同。

（3）其他。

1）本车在转台和工作斗上分别有一只用于应急的防水开关，当臂架和工作斗在工作过程中发生危急情况又不能停机时，扳动此开关即可使发动机熄火，防止突发事件的发生。

2）转台与工作斗操纵盒上均设有夜间照明灯，工作斗还另加一个大灯，供夜间作业使用。

3）本车还装有示宽灯装置。工作时示宽灯闪，提醒正常进行工作。

（4）注意事项

1）上臂工作时，上臂与水平的夹角不能超过正 70°±5°，否则上臂行程开关动作上臂升、下臂降自动断电，不能动作。此时需要进行上臂降或下臂升，才能恢复正常工作。如上臂与水平的夹角超过 70°±5°，上臂还能升或下臂还能降，则属于异常情况，应立即停止作业，由专业人员进行检修。

2）伸缩臂工作前必须把起重吊钩降到 1.0m 以上位置。

3）转台与工作斗上的电气开关不得同时操作，当工作斗操作时转台应停止操作。反之，当转台操作时，工作斗应停止操作。

4）工作完毕后，必须将转台和工作斗上的电源开关及驾驶室内的电源开关关闭，转台操纵箱和工作斗开关箱合上。

第三节　汽车起重机作业安全

高空作业车具有全液压汽车起重机功能。在作业生产过程中，一般较重的物体的吊运，装卸都是由高空作业车的小吊来完成的，因此作业人员对能否安全合理地完成任务起着关键性作用。起重作业伤害事故位于其他诸伤害事故的前列，而起重伤害事故大多数又发生在装卸和吊运过程中。由于起重作业是一种对操作者本人，尤其对他人和周围设施的安全有重大危害因素的作业，因此对起重作业的安全十分重要。

一、汽车起重机械的作业特点

汽车起重机械是现代工业生产中不可缺少的设备，已被广泛地应用于各种物料的起重、运输装卸和人员输送等作业中，从而大大地减轻了体力劳动强度，实现了生产过程的机械化，提高了工作效率。起重机以间歇、重复性的工作方式，通过起重吊钩或其他吊具起升、下降或升降与运移物料。从安全的角度分析，起重作业具有以下几个特点：

（1）汽车起重机械通常具有较庞大的结构和比较复杂的机构，作业过程中，常常是几个不同方向的运动同时操作，技术难度较大。

（2）所吊运的重物多种多样，有的吊物形状不规则，还有散粒、易燃易爆危险品等，吊运过程复杂而危险。

（3）大多数起重机械作业范围和空间大、作业人员多，一旦发生事故，涉及人员多，并可能造成群伤。

（4）暴露的、活动的零部件较多，且常与作业人员直接接触，存在许多偶发的危险因素。

（5）工作环境复杂，工作场所常常有高温、高压、易燃易爆、输电线路等危险因素对工作人员构成威胁。

（6）作业中常常需要多人配合，共同进行一个操作，这就要求作业人员之间要密切配合，互相照应，有处理现场紧急情况的能力。

起重作业是在一定的空间范围内进行物体的起吊和搬运，存在着诸多危险因素，一旦由于操作不当或设备故障，就有可能引发严重的人身伤害事故，甚至是群体伤害事故，会给企业和人员造成巨大损害。因此，应对起重作业的安全性提出较高的要求：① 起重机械的设备安全；② 起重司机的操作安全。起重机械安全管理的目的，就是从安全技术和安全管理的角度采取措施，消除人的不安全行为和机械的不安全状况，预防事故的发生。

二、汽车起重作业安全基本知识

起重和搬运作业是生产过程中的一个重要环节，生产用的原材料、成品、半成品以及设备安装，建筑工程吊装，电力系统设备、杆塔、路灯杆等的吊装都离不开它。如果在工作中稍有疏忽大意，将可能发生人身设备伤害事故，造成人员伤亡和财产损失。所以从事起重和搬运的每一个工作人员，必须熟悉起重安全知识，牢固树立安全第一的思想。

1. 起重工作的一般安全注意事项

起重作业的形式复杂多变，作业对象也变化无常。因此，有许多具体的安全规定，作为一名起重作业人员，在工作时必须严格遵守以下一般安全注意事项。

（1）吊装前，要有安全技术和技术交底措施，做到四个明确，即工作任务明确，施工方法明确、吊装物体的重量明确、作业中的安全注意事项明确。

（2）吊装工作中，必须坚守工作岗位，做到思想集中，听从调配和指挥。

（3）需要进入变电所和线路工作场地作业时，必须取得有关部门的同意，并遵守变电运行、检修和线路运行和检修单位的管理制度和规定。

（4）禁止在运行的管道、设备以及不坚固的建筑物、树木、大石块等上捆绑滑车、链条葫芦和卷扬机并作为起吊重物的承力点。

（5）各种重物体放置要稳妥，以防倾倒和滚动。

（6）遵守安全工作规程，进入施工作业现场应戴安全帽和其他劳动防护用品及用具。

（7）起重作业是一个多人配合的集体作业，必须培养有团结协作的集体主义思想。

2. 起重吊装作业安全操作基本规定

起重司索和指挥人员作业中必须遵守以下安全的基本规定：

（1）必须熟悉起吊工器具的基本性能、最大允许负荷、报废标准和工件的捆绑、吊挂要求及指挥信号，严格执行本工种安全技术操作规程。

（2）工作前应认真检查并确认所需用的一切工具，设备处于完好状态，若发现链条、钢丝绳、麻绳以及工具达到报废程度，应禁止使用。

（3）起重物体必须根据物体重量体积、形状、种类采用合适的起重捆绑和吊运方法。多人操作时必须指定专人负责指挥。

（4）吊运物件时，必须保持物体重心平稳。起运大型物体，必须有明显标志（白天挂红旗、晚上悬挂红灯）。各种物体起重前应先进行试吊，确认可靠后方可指挥吊运。

（5）使用三脚架应绑扎牢固。杆距相等，杆脚牢固可靠，不可斜吊，使用千斤顶，必须上下垫牢，随起随垫，随落随抽垫木。

（6）吊运重物时尽可能不要离地面太高，在任何情况下，禁止吊运中心重物，从人员上空越过，所有人员不准在重物下停留或行走。不得将物体长时间吊悬在空中。

（7）使用起重机应和司机密切配合，在下列情况下，禁止盲目指挥起重机械吊运物体。

1）所吊物体的重量超过起吊机具的额定负荷时。

2）指挥信号不明，所吊物体的重量不明，光线暗淡无法看清周围情况时。

3）吊索和附件捆绑不牢，不符合安全要求时。

4）其他人员在所吊挂重物上直接进行加工时。

5）歪拉斜挂情况出现时。

6）工件上站人或工件上浮放有活动物件时。

7）带棱角快口物体尚未垫好，有可能磨损或割断钢丝绳时。

8）埋在地下的物体未采取措施时。

9）违章指挥时。

10）对带电体距离不够时。

（8）起重机和高空作业车不宜在架空输电线路下面工作。如需在输电线路周围和下面工作必须做好安全措施，并保持足够的安全距离。在架空输电线路一侧工作时，无论在任何情况下，起重臂，钢丝绳和重物等与架空输电线路的最近水平距离不小于表3-5的规定。

表3-5　　　　　　　起重设备允许与输电线路的最近水平距离

线路电压（kV）	1 以下	1～10	35～63	110	220	330	500
允许与输电线路的最近距离（m）	1.5	3.0	4.0	5.0	6.0	7.0	8.5

（9）工作时应事先清理起吊地点及运行通道上的障碍物，招呼逗留人员避让，自己工作时应事先清理起吊地点及运行通道上的障碍物，招呼逗留人员避让，自己也应选择恰当的位置能随物护送的线路侧。

（10）工作中严禁使用手直接校正已被重物张紧的绳索等吊具，吊运中发现捆绑松动或吊运工具发生异样、怪声，应立即发出停止吊运的信号，停车进行检查，绝不可有侥幸心理。

（11）翻转大型物体，操作人员应站在重物倾斜方向的对面，严禁面对倾斜方向站立。必要时应事先放好旧轮胎或木板等衬垫物。

（12）选用的钢丝绳或链条等吊具长度必须符合要求，挂吊物体时，吊索具与所吊物体的夹角要适当，最大不能超过120°。

（13）吊运物体如有油污，应将捆绑处泔污擦净，以防所吊物体从捆绑绳中滑动。

（14）在任何情况下，严禁用人身重量来平衡吊运物体或以人力支撑物体起吊，更不允许站在物体上同时吊运。起吊重物前，应将其活动附件拆下或固定牢靠，以防因其活动引起重物重心变化或滑下伤人，重物上的杂物应清理干净。

（15）卸下吊运物，要垫好衬木，不规则物件要加支撑，保持平稳，要确认存放地情况。不得将物件压在电气线路和管道上面或堵塞通道，物件堆放要整齐平稳。

（16）如有其他人员协同起重挂钩作业时，由起重挂钩工负责指挥和吊运，挂钩工在任何情况下不得让他人代替起重挂钩重物。

（17）严禁指挥吊着物体的自行式起重机移动位置。

（18）工作结束后，应擦净所用工具的泔污，做好维护保养，加强保管。

3. 起重搬运作业安全操作基本规定

进行起重搬运作业时，必须注意以下几点：

（1）起重搬运工作时，必须严格遵守起重操作规程和安全技术规程。

（2）需要利用建筑物作为设备起重搬运的承力点时，必须严格遵守施工图上所注明的允许利用建筑物承重和起吊设备的负荷量规定，如无规定时应准确提出起重搬运方案，并征得设计单位的书面同意后，方可利用，同时还应采取措施防止损伤建筑物。

（3）使用起重搬运时，应严格遵守 GB 4387—1984《厂内运输安全规定》和 GB 6067—1985《起重机械安全规定》等。

（4）起重搬运机必须定期检修、妥善维护，在每次使用前均应事先检查，确认完好无损并符合所需的技术要求后，方可使用。

（5）进行起重搬运工作前，应切实查明设备本身的允许负载和被吊物体的重量，正确选用起重搬运机具的方法。对复杂的起重搬运工作，应编制施工方案，并经施工单位技术负责人批准，施工时应按施工方案逐项认真检查，严格执行，如需修改，应按原批准程序办理手续。

（6）起吊设备时，吊索捆绑应按箱体上的标记、设备上专用的吊装部位和设备技术文件的规定进行，并注意下列各点：

1）设备应捆绑稳固，主要承力点应高于设备重心，以防倾倒。

2）吊索的转拆处与设备接触的部位应垫以软质垫料，以防吊索和设备损坏。

3）捆绑易变形的设备时，应采取措施，防止其变形。

4）设备上可能滑动的部件应予以固定，以防滑动而碰损。

（7）起重搬运机具如桅杆、卷扬机和绳索等安装后，必须认真检查，其连接和固定应稳妥、牢固，电气和制动等装置应安全可靠。

（8）起吊设备前应全面检查各部件情况，使其符合稳妥、牢固和安全的要求，起吊时应先将设备稍稍吊离地面作为试吊，经检查，确认稳妥牢固后，方可继续起吊。

（9）起吊设备时应垂直上升，如受环境或起重机具的限制不得不斜向上时，应经过周密计算，并采取有效措施，保证安全。

（10）设备在起吊过程中不得中间停止作业，指挥人员和起重机具的司机不得随意离开岗位，所吊设备上下不得有人，下方亦不得有人停留或通行，如工作人员必须在所吊设备的下方进行工作时，应采取安全措施。

（11）起吊搬运工作中，操作人员应分工明确，动作协调一致，并服从统一的指挥（多人操作，即二人以上，必须要有一人明确统一指挥）。

（12）起吊搬运工作中，如出现不正常现象时，应立即停止工作，查明原因，予以纠正后，方得继续工作。

（13）设备起吊就位后应放置稳固，对重物高的设备应先采取措施防止其摇动或倾斜，方可拆除起重机具。

（14）装卸或搬运装在箱内的设备前，应检查箱体及撑木是否牢固，如在装卸或搬运中可能使设备受损时，应将箱体或撑木加固以防设备受损。

（15）装卸和搬运设备时，必须放置平稳牢固，运行速度应适当，以防设备受到碰撞或剧烈震动。

（16）放置设备时，应用垫物垫平、垫稳，以防设备变形，对不允许受潮的设备还必须垫高。

（17）起重吊装需要上高处进行作业时，必须做到：

1）按照 GB 3608—1983《高处作业的分级》标准规定，应严格执行本单位有关高处作业审批制度，有关部门审批同意。

2）高处作业用的吊架、手板葫芦必须按有关规定搭设。严禁吊装机械载人。

3）凡不适于高处作业人员，如高血压、心脏病、贫血、癫痫症者，视力不佳，听觉不灵，手脚有残等，不得从事高处作业。

4）高处作业一般不交叉作业，凡因工序原因必须在同一垂直线下面工作时，必须采取可靠防范措施，否则不准作业。

5）高处作业人员，必须注意作业上下左右，在线路旁作业，应保证安全距离，必要时应进行安全隔离措施，并防止运送物体和材料触碰电线。

6）梯子登高时，梯子不得缺层，顶端应用绳结牢在支靠体上，支撑体本身应稳固，梯脚要包扎防滑，梯下要有人监护，梯子靠的斜坡应在 60°左右为宜，每只梯子只能一人攀登工作。使用"人字梯"时，必须挂牢钩或中间扎牢。

7）高处转位下来时，手中不可拿物体，应用工具袋。上下传递物体，应用吊绳。吊放时物体下方不可有人停留或穿行。

8）高处作业，不可把工具、器材等放置在脚手架或建筑物边缘，防止坠落伤人。

三、汽车起重机的安全管理

（一）起重作业人员安全生产职责

在高空作业车起重吊作业中，必然涉及各方面的人员，如作业人员、指挥人员、汽车司机、捆绑人员等。对这些人员的安全职责有以下几条：

（1）必须树立法制观念，认真贯彻执行国家发布的有关起重吊运等安全法规。

（2）严格执行上级有关部门和本企业起重吊运安全操作规章制度。

（3）认真做好起重吊运指挥、捆绑、挂钩、检修维护保养等工作。

（4）在工作中发现不安全状况时，应积极采取有效防范措施，并应及时向有关方面汇报。努力学习高空作业车起吊知识，不断提高安全技术操作水平。

（5）积极对非起重人员进行安全生产宣传教育和指导。

（6）在起重生产过程中有权拒绝违章指挥，有权制止任何人违章操作和违章指挥。

指挥人员的职责是：

（1）对于新的高空作业车，必须熟悉其机械性能后方能指挥。

（2）应使用标准指挥信号与起重司机联系。

（3）指挥人员的作用是使司机按指挥信号的要求操作，使负载或空钩向其目的地运行。

（4）不能干涉起重司机对手柄或旋钮的选择。

（5）负责负载的重量确定和计算，负责绳索的正确选择。

（6）对可能出现事故采取必要的防范措施。

（7）指挥人员在发出吊钩或负载移动下降信号前，应保证降落地点的人身、设备安全。

起重司机的职责：

（1）司机必须服从指挥人员的指挥，把指挥人员发出的信号变成起重机械的运动，完成吊运的任务。

（2）司机应严格执行安全操作规程。

（3）司机遇到下列情况时，必须停止吊运，并要求指挥人员重新发出指挥信号。

1）没有看清指挥信号。

2）几个人同时给出不同的指挥。

3）使用的信号不标准，捆扎挂钩不安全。

4）现场环境不安全。

起重作业捆扎挂钩人员的职责：

（1）吊钩、钢丝绳要经常严格认真检查，必须安全、可靠才能使用。

（2）吊物要捆扎牢固，吊钩要找准重心。

（3）钢丝绳吊重物时要垂直，不能斜吊或斜拖。

（4）吊运坚硬、有棱角、有尖锐边缘的物体，要加垫物，防止磨损或切割钢丝绳。

（5）禁止有人站在吊物上一同起吊，吊物下严禁有人停留及走动。

（6）严禁超负载吊运。

（二）对起重作业人员的基本要求

从事起重作业人员必须做到以下四要：

（1）要牢固树立安全生产的责任性，在日常操作中要做到"四勤"，即：脑勤、眼勤、手勤、腿勤。

（2）要发扬团结互助协作性。

（3）要自觉遵守安全生产规章制度。

（4）要认真进行安全检查及时消除隐患。

四、汽车起重机的安全要求

（一）设备安全要求

起重设备安全，包括起重设备金属钢结构和主要机构零部件的安全，这在GB 6067—1985《起重机械安全规程》中作了明确规定。对金属结构而言，当其主要受力构件失去整体稳定性，出现严重腐蚀、裂纹、塑性变形等情况而来不及修复时，应予以报废处理。对吊钩、吊具、钢丝绳、制动器等重要安全机构、零部件，国家制定了严格的安全报废标准和安全使用要求，以确保其安全性能的良好、稳定。

1. 吊钩（吊具）的安全要求

严禁用铸铁和其他脆性材料制作吊钩、吊具。吊钩、吊具严禁焊补，在表面有裂纹破口、危险端面磨损已达 10%，或是扭转变形超过 10° 和产生塑性变形时，应给予报废处理。

2. 钢丝绳的安全使用要求

钢丝绳是起重运输设备的重要附件，应用广泛，与起重的安全作业关系极大。使用时，应严格要求选取安全系数，不得任意加大负荷。钢丝绳禁止接长使用。

对使用中的钢丝绳，应经常地检查其磨损程度，如发现有下列情况应报废处理：

（1）在一个节距中的断丝数达到 GB 1102—1974《圆股钢丝绳》的要求。

（2）钢丝表面径向磨损或腐蚀超过原直径的 40%。

（3）钢丝绳直径减少达 7%。

（4）钢丝绳扭结，局部外层伸出呈笼形状或钢丝绳折弯或塑性变形时。

（5）受到电弧等高温的烧伤。

（6）受到严重的压扁变形钢丝绳。

（7）钢丝绳的钢丝断丝不多，但使用时断丝越来越多的。

3. 安全装置及其作用

在使用起重机作业时要求起重设备完好，操作人员严格遵守安全操作规程进行，但在实际作业过程中，仍可能会出现一些无法预料的情况，如操作手柄突然折断，遇到紧急情况心理紧张而导致的操作失误等。因此在设计、制造起重机械时设置了一些安全装置，安装在起重机的有关机构部件上，使事故发生的概率降低到最低。目前常见的安全装置有：

（1）制动器。起重机械具有间歇作业的特点，需要经常地起动和制动。起重机的卷扬机构与大、小车的移动、旋转和变幅机构，都有灵活可靠的制动装置。制动装置即是工作装置又是安全装置，各个机构具备了可靠的制动器后才能保证安全运行。

（2）过卷扬限制器。过卷扬限制器的作用是使吊钩在一定的卷扬距离内提升，不允许超过规定的极限位置，以防止发生过卷扬冲顶造成吊钩、吊具坠落伤人事故。

（3）行程限制器。行程限制器是用来限制工作机构在一定的安全范围内运动。它是防止发生起重设备掉车和撞车事故的保护装置。若有多台吊车同轨行车，必须装有互相接触的停车限制器，使得两车在接近时能自动切断电源，以免发生严重碰撞事故。

（4）超负荷限制器。当起重机超负荷起吊时，超负荷限制器能自动切断卷扬机构上的动力，可以避免发生超载运行的不安全情况。

（5）缓冲器。缓冲器是一种能吸收起重机与终点立柱相撞时产生冲击能量的装置。它能在制动器和终点行程开关失灵后起保护作用，防止设备行驶到终点仍继续行驶、不能控制而发生事故。

（6）安全信号装置。各种移动式起重机须装有在工作场所防止人员被吊物碰伤而发生警告信号的装置。

（7）安全防护装置。在各种起重机上，凡是容易发生危险的部位都应有可靠的防护装置。在齿轮、转轴等传动、转动部位应设有防护罩，在起重机的行走轮缘旁装设防护挡板，在起重机附着单台和过道上应设有不低于 1050mm 的防护栏杆。

（二）起重司机的操作安全要求

起重司机的技术素质和安全操作是保证安全运行、无事故的重要条件。起重司机要严格遵守起重机械安全技术规程、操作规程和岗位责任制等制度和要求。

（1）司机应严格遵章守纪，严守工作岗位。当班司机应密切注意起重机的运行情况，发现机件、安全装置等有缺陷和故障时，应迅速将情况向有关部门汇报，及时组织排除和检修。故障未排除时，不准继续操作。

（2）交接班时，应对制动器、吊钩、吊具和钢丝绳及安全装置进行检查，若有故障应及时排除。

（3）开车前必须鸣铃示意，逐挡加速，平稳起重，起运中吊物近人时，应给以铃声报警。起重机运行时，严禁人员上下和进行检修工作。严禁超负荷作业，严禁吊物上站人，严禁吊物从人顶通过，严禁一切人员在吊物下站停和通过。

（4）司机应服从预定人员的信号进行操作。信号不明时应问清楚，如确认信号有误、有可能发生事故时，有权拒绝执行。对于紧急停车信号，无论何人发出，均应紧急停车。

（5）当司机确认机上和周围无闲杂人员时，才允许闭合主电源。闭合主电源时，所有控制器手柄均应置于零位。

（6）起重作业人员和维修人员，应经常检查各自的设备和吊具，以保证安全运行。在进行检修、加油、清洁等工作时，起重机应处于停止运行、切断电源状态，并执行挂牌制度。起重机停止工作后，司机应将设备稳妥地停在规定的地方区域，并将空钩升起至上限位置。

（7）司机操作时，不得利用极限位置限制器进行停车，一般情况下，不得利用反车倒挡进行制动。

（8）起重驾驶员应严格遵循"十不吊"：指挥信号不明或乱指挥不吊；超负荷或负荷不清不吊；工件紧固不牢不吊；吊物上面站人或有浮置物不吊；安全装置失灵不吊；光线阴暗看不清物体不吊；工件埋在地下不吊；棱刃物体没有衬垫措施不吊；斜拉工件不吊；钢水包过满不吊。

（三）电气安全、高处作业安全及防火安全

1. 电气安全

电力具有输送范围广、容易控制等特点，是最便利、最具使用价值的能源。因此，目前起重机械的能量动力均来自电能，但由于人们安全用电认识不足及知识的缺乏，往往容易造成电击伤害事故。在起重中，电对人身的伤害，主要有触电和电灼伤两种形式。对于起重机，特别是露天作业的起重机，其电气线路往往因作业环境的恶劣天气及日晒雨淋等因素，易使其电气绝缘提前损坏、老化。起重司机为确保安全，应经常对电气设备的完好性进行检查，安全技术部门也应定期对电气线路的绝缘性进行检测，及时发现问题，并由专业人员处理。电工在进行设备修理时，要严格停电挂牌制度。一旦发生触电事故，要立即切断电源或用绝缘物体将电线从触电者的身上挑开，绝不可用手去触及触电者的身体各部位，以免抢救者自己触电。在挑开电源后，要立即组织对触电者的抢救工作。

2. 高处作业安全

大多数起重机都存在高处作业问题。随着工业化程度的不断提高，起重机的高度也随之增加，有的塔吊高度甚至达到了80m以上。

高处作业有三种情况：① 司机登高后进入驾驶室进行操纵；② 司机登高后对设备及主要零件进行检查；③ 利用高空作业车作业。

高处作业首先应保证起重机、高空作业车、梯、栏杆、台等安全防护设施的完好，国家在起重机械安全规程中对梯、台、栏杆的设计、制作、安装都有明确的规范，这些设施的完好，使起重司机的安全得到保障。但作为司机，应懂得栏杆扶手是为防护跌落而设置的，在没有检查、修理任务时，应尽可能地在驾驶室内，而不要到平台上去逗留，更不要靠在栏杆上。进行修理作业时，应使用高处作业安全带，防止坠落。

人的心理因素对安全也有重大影响。对于有恐高症的人员应尽量避免高处作业。平时应加强对需要高处作业的司机和检修人员进行高处作业教育和训练，消除恐惧心理。在起重机和高空作业车上应尽量不向低处看，行走时手扶栏杆，步伐要稳，切忌行走中跳跃等。

3. 防火安全

火灾会使财产和人的生命受到损失。起重机防火工作是做好起重安全的一个重要方面。众所周知，燃烧有三个条件，即火源、可燃物质和助燃物质。主要的防火措施是切断、控制火源，防止火势蔓延。在起重机中主要的火源来自电气方面，易燃物质如柴油、机油等。除此之外，未熄灭的烟蒂也会引起火灾。因此，在日常安全中要加强对这几方面的检查。

电气方面引起的火灾，主要是由电动机过载、过热造成电机烧坏而引燃周围的可燃物，线圈的各接点及结点连接松动，接触电阻变大，电流通过时就会发热，产生火花、电弧或损坏绝缘，造成短路，引起火灾。

在避免火灾事故方面，着重要抓的是预防工作。但是一旦起火，灭火工作越及时，扑灭的可能性也就越大，带来的损失也就越少。因此规定起重机上必须配置一定数量的灭火消防器材，司机和检修人员应具备一定的消防安全知识和技能。

五、常见起重伤害事故及原因分析

由于起重机作业突击性强，工作环境复杂多变，各种危险因素纵横交叉，容易导致事故的发生，造成人员伤亡和设备财物的损毁。因此，掌握起重作业的特点，了解常见事故的发生原因，对防止事故的发生有着重要意义。

造成起重作业伤害事故的原因很多，一般可以分为机械设备故障和人的行为失误或违章两个方面，但很多情况下是两种原因共同作用下而发生事故。

1. 吊物坠落伤人

吊物突然坠落一般都是击中下面人员的头部（处于立姿情况下），和腰背部（蹲姿情况下），可导致被砸人员重伤或死亡，后果很惨重。吊物的坠落包括钓钩（吊具）的坠落和所吊物件的坠落。据有关资料统计，这类事故占所有起重事故的比例接近40%，而且呈上升趋势。造成此类事故的主要原因是：① 设备超负荷起吊、造成构件的损坏，如断丝断绳；② 没有正确挂钩，或是吊物没有牢固捆绑而发生起吊后脱钩或脱散坠落；③ 有些则是因为上升限制器失灵而导致吊钩（吊具）冲顶坠落伤人；④ 吊车司机违章作业或是看不见指挥信号，将

95

吊物经过人体上空，在吊物坠落时，地面人员因场地限制或来不及反应，不能及时避让而导致物体坠落伤人。

2. 吊物碰撞夹压伤人

重物在吊运过程中，因为碰撞或急刹车等原因，使吊物在空中摆荡。吊物撞倒设备和堆件伤人。甚至直接挤压人体而致伤、致死。另外，因司机违章、地面人员麻痹而发生的吊具打击伤人事件也时有发生。司机和检修人员在起重运行状态下出入端梁不打开连锁安全装置，而是直接翻越行车栏杆，都会造成人体与厂房构件物挤压受伤害事故。

3. 高空坠落

部分起重违章吊运，吊物上站人，是发生高处坠落事故的重要原因。如有些起重工用人体重量来达到吊物的平衡，有的不愿走路而站在吊物上面利用行车送到目的地。在吊运过程中，吊物突然发生翻转坠落，或是急刹车碰车等意外而剧烈震荡时，站立的人员可能会随之跌下致死或是碰撞致死，甚至可能被吊物压入而导致严重的后果。在检修起重设备时，如没有采取必要的高处作业的防范措施，或是开车前未发信号、发生电击等，均可发生检修人员的高处坠落事故。

4. 其他事故

可能发生的严重事故还有吊车倾翻。当起重机动臂过大而又超负荷起吊时，起重机和高空作业车的倾翻力矩大于稳定力矩，就可能发生倾翻事故，造成人员伤亡和设备损毁，性质十分严重。

触电也是起重作业的危险之一。当在输电线路，特别是高压线路附近作业时，起重机和高空作业车的动臂极易与线路碰击而发生触电事故。因此要保证起重机和高空作业车与线路有足够的安全距离。

第四章 高空作业车安全技术

第一节 电 气 安 全

使用高空作业车进行作业，不仅要考虑作业车本身的安全，还要考虑与之相关的作业范围内其他影响安全的作业。由于高空作业车在电力系统中应用广泛，因此操作者必须熟悉相关的电气安全技术。

一、电气安全基础知识

（一）电流对人体的危害

触电伤害是指电流流过人体时对人体产生的生理和病理伤害。这种伤害是多方面的，可以分为电击和电伤两种类型。

电击是电流通过人体内部对人体所产生的伤害。电击主要破坏人体的心脏、呼吸和神经系统的正常工作危及人的生命。

电伤是电流对人体造成的外伤。

（二）影响电流对人体伤害程度的因素

1. 电流强度

通过人体的电流越大，人体的生理反应越强烈，对人体的伤害就越大。按照人体对电流的生理反应强弱和电流对人体的伤害程度，可将电流大致分为感知电流、摆脱电流和致命电流三级。

（1）感知电流是指能引起人体感觉但无有害生理反应的最小电流。

（2）摆脱电流是指人体触电后能自主摆脱电源而无病理性危害的最大电流。

（3）致命电流是指能引起心室颤动而危及生命的最小电流。

上述这几种电流的大小与触电对象的性别、年龄以及触电时间等因素有关。试验表明，当工频电流通过人体时，成年男忙的平均感知电流为 1mA，摆脱电流为 10mA，致命电流为 50mA，（通过时间在 1s 以上时）。在一般情况下，可取 30mA 为安全电流，即 30mA 为人体所能忍受而无致命危险的最大电流。但在有高度触电危险的场所，应取 10mA 为安全电流，而在空中或水面触电时，考虑到人受电击后有可能会因痉挛而摔死或淹死，则应取 5mA 作为安全电流。

2. 电流通过人体的持续时间

触电致死的生理现象是心室颤动，电流通过人体的持续时间越长越容易引起心室颤动，且心脏在收缩与舒张的时间间隙（约 0.1s）内对电流最为敏感，通电时间长，重合这段间隙的可能性就越大，心室颤动的可能性也就越大。此外，通电时间长，电流的热效应和化学效应将会使人体出汗、组织电解，从而降低人体电阻，使流过人体的电流逐渐增大，加重触电伤害。

3. 电流的频率

人体对不同频率的生理敏感性是不同的，因而不同种类的电流对人体的伤害也就有区别。工频电流对人体的伤害最为严重。高频电流对人体的伤害程度远不及工频交流电严重，故医疗临床上有利用高频电流作理疗的情况，但电压过高的高频电流仍会使人触电致死；冲击电流是作用时间极短（以微秒计）的电流，如雷电放电电流和静电放电电流。冲击电流对人体的伤害程度与冲击放电能量有关，由于冲击电流作用的时间极短暂，数十毫安才能被人体所感知。

4. 电流通过人体的途径

电流经任何途径通过人体都可以致人死亡。但电流通过心脏、中枢神经（脑部和脊髓）、呼吸系统是最危险的。因此，从左手到前胸是最危险的电流路径，这时心脏、肺部、脊髓等重要器官都处于电路内，很容易引起心室颤动和中枢神经失调，导致死亡。从右手到脚的电流路径危险性要小些，但人体会因痉挛而摔倒，导致电流通过全身或二次事故。

5. 人体状况

试验研究表明，触电危险性与人体状况有关。触电者的性别年龄、健康状况、精神状态和人体电阻都会对触电后果产生影响。例如一个患有心脏病、结核病、内分泌器官疾病的人，由于自身的抵抗力低下，触电后果更为严重。相反，一个身心健康，经常从事体育锻炼的人，触电的后果相对来说会轻一些。妇女、儿童、老年人以及体重较轻的人耐受电流刺激的能力也相对要弱一些，他们触电的后果也比青壮年男子更为严重。

人体电阻的大小是影响触电后果的重要物理因素。显然，当接触电压一定时，人体电阻越小，流过人体的电流越大，触电者也就越危险。人体电阻包括体内电阻和皮肤电阻，体内电阻较小（约为 500Ω），而且基本不变。人体电阻主要是皮肤电阻，其值与诸多因素有关，如接触电压、接触面积、接触压力、皮肤表面状况（干湿程度、有无组织损伤、是否出汗、有无导电粉尘、皮肤表层角质层的厚薄）等因素都会影响人体电阻的大小。必须指出的是，人体电阻只对低压触电有限流作用，对于高压触电，人体电阻的大小就不起什么作用了。

触电危险性与人体状况有关，人体电阻的大小是影响触电后果的重要物理因素。我国规定人体的电阻为 1500Ω。

6. 作用于人体的电压

触电伤亡的直接原因是电流在人体内引起的生理病变。但电流的大小与作用于人体的电压高低有关。这不仅是因为就一定的人体电阻而言，电压越高，电流越大，更是因为人体电阻将随着电压升高而呈非线性急剧下降，致使通过人体的电流显著增大，使得电流对人体的伤害更加严重。

人体所能耐受的电压与人体所处的环境有关。在一般环境中的 1s 安全电流可按 30mA 考虑，人体电阻在一般情况下可按 $1000\sim2000\Omega$ 计算。这样一般环境下的安全电压范围是 $30\sim60V$。我国规定适用于一般环境的安全电压为 36V。值得注意的是，在潮湿的环境中也曾发生过 36V 触电死亡的事故。

《国家电网公司电力安全工作规程（线路部分）》规定电压等级在 1000V 及以上的电气装置称为高压设备；电压等级在 1000V 以下电气装置称为低压设备。虽然高压对人体的危害比低压要严重得多，但是由于高压电气设备有较完善的安全防范措施，人们与高压设备接触机会较少，而且思想上较为重视，因此高压触电事故反而比低压触电事故少。

（三）人体触电的类型

1. 直接接触触电

人体直接触及或过分靠近电气设备及线路的带电导体而发生的触电现象称为直接接触触电。单相触电、两相触电、电弧伤害都属于直接接触触电。

（1）单相触电。人体直接碰触带电设备或线路的一相导体时，电流通过人体而发生的触电现象称之为单相触电。显然，单相触电的后果与人体和大地间的接触状况有关。如果人体站立在干燥的绝缘地板上，由于人与大地间有很大的绝缘电阻，通过人体的电流就很小，就不会造成触电危险，但如果地板潮湿，就有触电危险。中性点直接接地的电网、中性点不接地电网人体触电，分别如图 4-1 和图 4-2 所示。

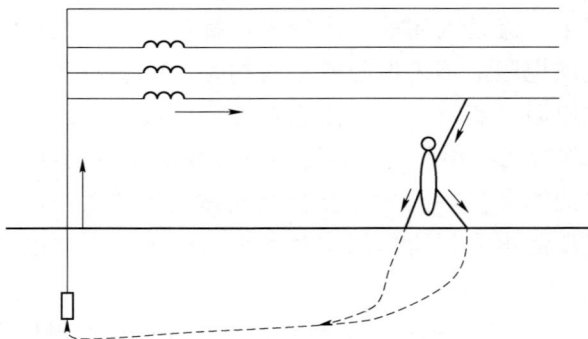

图 4-1 中性点直接接地的电网

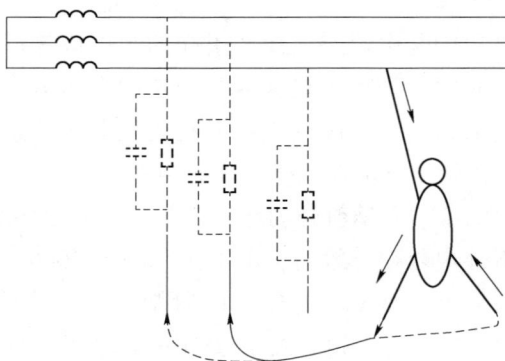

图 4-2 中性点不接地电网

由图 4-1 和图 4-2 可以看到，通过人体的电流与线路的绝缘电阻和对地电容有关。值得注意的是，在高压中性点不接地电网中（特别在对地电容较大的电缆线路上）线路对地电容较大，通过人体的电容电流将危及触电者的安全。

（2）两相触电。人体同时触及带电设备或线路中的两相导体而发生的触电方式称为两相触电，两相触电时，作用于人体上的电压为线电压，电流将从一相导体经人体流人另一相导体，这种情况是很危险的。

（3）电弧伤害。电弧是气体间隙被强电场击穿时电流通过气体的一种现象。之所以将电弧伤害视为直接接触触电，是因为弧隙是被游离的带电气态导体，被电弧"烧"着的人，将同时遭受电击和电伤。在引发电弧的种种情形中，人体过分接近高压带电体所引起的电弧放电以及带负荷拉、合刀闸造成的弧光短路，对人体的危害往往是致命的。电弧不仅使人受电击，而且弧焰温度极高（中心温度高达 $6000\sim10\,000℃$），将对人体造成严重烧伤，烧伤部位多见于手部、胳膊、脸部及眼睛。造成皮肤组织金属化、失明或视力减退。

2. 间接接触触电

间接接触触电是指因为电气设备漏电，使正常不带电的金属部件带电，人体与这些金属部件接触造成触电，或者电气设备漏电时，漏电电流在地中流过，使地面沿电流流通的途径存在电位差，人在上面行走时在两腿之间有电流过引起的触电。因此间接触电可分为接触电压触电和跨步电压触电。

（1）接触电压触电。当人站在故障设备旁边，用手接触漏电设备的金属外壳（或与漏电设备有金属连接的其他构架等），即有一个电压加在人体的手、腿之间，这个电压因人体接触而来，称为接触电压，这种触电称为接触电压触电。

（2）跨步电压触电。电气设备发生故障漏电时，电流流入地中，在电流入地点周围（以电流入地点为圆心，半径 20m 的范围内）有电位差异。当人在这个区域内走动时，两腿之间由于有电位差，引起电流流入人体，造成人身触电，称为跨步电压触电。

接触电压触电的危险程度与接触电压大小有关，跨步电压触电的危险程度与跨步电压的大小有关。

跨步电压触电还会发生在一些其他场合，如架空导线接地故障点附近或导线断落点附近，防雷接地装置附近地面等。

接触电压和跨步电压的大小与接地电流的大小、土壤电阻率、设备接地电阻及人体位置的因素有关。严禁裸臂赤脚去操作电器设备。

二、高空作业车作业人员触电的类型

高空作业车作业人员触电往往是由于操作者操作不当而引发，具体触电情况包括以下几种：

（1）作业人员在作业斗内作业时不慎与带电体接触引起触电。

（2）高空作业车操作人员操作不慎，引起作业车与带电体碰触触电。

（3）高空作业车在高压线路（设备）附近作业，由于静电感应引起作业车触电。

（4）线路倒杆、电线掉落到高空作业车上引起的触电等。

三、防止触电的安全措施

在各种各样的触电事故中，最常见的是人体直接接触或间接接触触电。

1. 防止直接接触触电的安全措施

直接接触触电的主要防护措施是将带电体与人体隔离，具体措施有：

（1）利用绝缘防护。利用绝缘防护即将带电体用绝缘物品覆盖，使人体无法与带电体接触。

（2）用屏护或外壳与带电体隔离。采用栅栏、保护网或其他方法将带电设备屏护起来，使人无法随意接触，从而防止直接接触。有些带电设备采用外壳将其密封，从而也就防止人身直接接触带电体造成触电。

常用的电气设备的防护装置有安全遮栏、保护网、绝缘隔板、保护罩等。

（3）保证足够的安全距离。为了防止人身触电，应使人体与带电体之间保持足够的安全距离。

（4）电气设备选用安全电压。所谓安全电压是为防止人身触电造成事故而特定的电源供电电压系列。由于人体触电造成事故的严重程度不仅与电源电压高低有关，而且也与工作环境有关，因此在不同的工作条件下选用不同的安全电压。GB/T 3805—2008《特低电压（ELV）限值》，对安全电压制订的目的、定义和适用范围都做出了明确规定。

（5）采用安全标志。从安全防护的观点来看，电气安全与其他机械、热力的安全有所不同。电气设备是否带电从外观上看不出来，直到与带电设备接触之后才有感觉，但在触电之后要想脱离电源就比较困难了。为了防止事故发生，在带电设备上悬挂各类标志或者在其附近安置安全围栏加以防护是十分必要的。

安全标志包括设备标志、作业安全标志和安全警告标志等几类。悬挂安全标志应做到简明扼要、醒目清晰、便于识别、便于管理，凡是电力行业标准规程中已经统一规定的安全标志的制作规格，各地应一律遵照执行，不得擅自改变。凡是标准没有统一规定的，应遵照地区电网或当地电业局的统一规定执行。

（6）采用安全用具。在从事电气工作时，为了避免发生触电、灼伤、高空坠落等事故，工作人员必须使用适当的安全用具。

2. 防止间接触电的主要措施

间接触电的主要措施有绝缘防护、保护接地、保护接零、漏电保护等。

（1）绝缘防护。电器设备无论其结构多么复杂，都可看作是由导电材料、导磁材料和绝缘材料这三者组成的。使用绝缘材料将带电导体封护或隔离起来，使电气设备及线路能正常工作，防止人身触电，这就是绝缘防护，比如用绝缘布带把裸露的接线头包扎起来等。完善的绝缘可保证人身与设备的安全；绝缘不良会导致设备漏电、短路，从而引发设备损坏及人身触电事故。所以，绝缘防护是最基本的安全防护措施。

（2）保护接地。为防止人身因电气设备绝缘损坏而遭受触电，将电气设备的金属外壳与接地体连接起来，称为保护接地。

1）保护接地在 IT 系统中的应用：IT 系统，是指电源中性点不接地或经阻抗（约 1000Ω）接地，电气设备的外露可导电部分（如设备的金属外壳）经各自的保护线分别直接接地的三相三线制低压配电系统。

这种保护只要将接地电阻限制在足够小的范围内，就能使流过人体的电流小于安全电流，或者说可把人体的接触电压降至安全电压以下，从而保证人身安全。

2）TT 系统中保护接地的功能：TT 系统是指电源中性点直接接地，而设备的外露可导电部分经各自的保护线分别直接接地的三相四线制低压供电系统。这种保护只有将接地电阻降到 0.78Ω 以下，就可加于人体上的电压降到安全电压 36V 以下。

（3）保护接零。中性点直接接地的 380/220V 三相四线系统目前广泛采用保护接零作为防止间接触电的安保技术措施。保护接零就是把电气设备平时不带电的外露可导电部分与电源的中性点 N 连接起来。此时的中性线称为保护中性线，代号为 PEN。IEC 标准把采用这种保护方式的系统统称为 TN−C 系统。

（4）漏电保护。漏电保护的作用：① 电气设备（或线路）发生漏电或接地故障时，能在人尚未触及之前就把电源切断；② 当人体触及带电体时，能在 0.1s 内切断电源，从而减轻电流对人体的伤害程度。漏电保护装置主要有电压型触电保护装置和电流型触电保护装置。目前基本采用电流型触电保护装置。

第二节　操作注意事项

为了使高空作业车能正常工作，充分发挥其应有的性能，提高工作效率，要求操作者十分熟悉各操纵机构、仪表装置、安全信号的功能，对各部分的结构有较清楚的了解。禁止不熟悉高空作业车性能的人员上车操作，以防发生不必要的事故、损坏高空作业车设备。

一、高空作业车行驶前注意事项

（1）行驶前仔细阅读配套底盘的汽车使用说明书以及高空作业车使用说明中的行驶中性能参数，掌握操作要领。

（2）行驶前按使用说明书进行必要的检查和保养。

（3）行驶前，检查取力操作手柄是否已使取力器与汽车变速箱内取力输出齿轮脱离，行驶前必须使其脱离。

（4）行驶前，臂架必须收足到位，不得悬空，下臂必须置于托架中，各支腿必须完全收回。

二、高空作业车操作注意事项

1. 油泵启动的操作

首先将汽车变速杆放在空挡位置，拉紧手刹车，起动发动机，待发动机运转稳定正常后，踏下离合器，将取力操纵手柄置于合的位置，使取力器内取力齿与齿轮啮合，然后慢慢松开离合器踏脚板，使油泵运转，再打开电源总开关。当各部件均无不正常的噪声及异常现象时，即可作业。

注意：新车或环境温度较低时，起动油泵后必须在空载下低速运行一段时间（一般 5～8min），以提高液压油的温度，然后再进行作业。

2. 支腿操纵

先将上、下部油路切换阀置于下部油路位置，换向阀手柄拨至后水平位置，然后再拨动控制支腿伸缩的换向阀，就可以控制后水平支腿的伸缩。同理，将换向阀手柄拨到前左、前右、后左、后右位置，再拨动控制制支腿伸缩的换向阀，之后就可控制垂直支腿的伸缩。垂直支腿可单独动作，也可四只一起联动。操作时应注意：收支腿时，必须先将上、下臂放在托架上，再收足垂直支腿，然后再收进水平支腿。

3. 五十铃（或其他车辆）底盘和 JMC 底盘、日本油路 GC120-03、GC120-04 型高空作业车上部机构的操作（上臂、下臂、回转、起重、伸缩）

上部机构的操作，采用了进口的多联阀，该阀使上臂、下臂、回转的动作具备电动和手动两套装置。工作斗处为电动操作装置，转台处为手动操作装置。转台处作业时，先将油路通的开关扳至接通位置不放，然后扳动相应动作的手动扳手杆（多联阀）进行各作业，工作斗内操作时，打开电源开关，操作相应动作的拨钮不放，扳动调速操纵杆，即可进行相应的动作。

4. 五十铃（或其他车辆）底盘、JMC 底盘和南京底盘、中国油路（GC120-01、GC120-05、GC120-07、GC120-08）型高空作业车上部机构的操作（上臂、下臂、回转、起重、伸缩）

此车型的设计为双位操纵，既可在转台右侧操作，也可在工作斗上操作，其结构原理相同。转台操纵时首先将电源打开，将选择开关置于所需动作的位置，然后慢慢拉动节流阀操作手柄（吊钩升、降时，一般不拉动），相应机构就动作，需停止时先逐渐松开节流阀操纵手柄后，将选择开关置于中位（调速是通过调整节流阀手柄的行程来进行调速度的）。

5．工作斗摆动机构

扳动机构由一对蜗轮蜗杆、连接主轴、插销轴等组成，在工作时，若需工作斗稍微摆动位置，可将插销轴抽出，摆动手柄，工作斗可向左 45°或右 45°的摆动，当工作完毕后，将工作斗摆正，一定要将插销轴插上，以免汽车行驶时工作斗左右晃动，造成摆动机构的损坏。

第三节　带电作业安全

带电作业是指在不停电情况下，对电力线路和电气设备进行检修的一种技术操作。由于不需停电，它有利于检修计划的实施，提高了供电可靠率和设备的可用率，因此带电作业被电力部门广泛采用。

带电作业根据人体所在的电位的高低可分为间接作业、中间电位作业和等电位作业三种。

（1）间接作业是指人处于地电位，通过绝缘工具代替人手对带电体进行作业。

（2）中间电位作业是指人体与地绝缘的情况下，利用绝缘工具接触带电体的作业。

（3）等电位作业是指人体与地绝缘的情况下，工作人员直接接触带电体的作业。

一、带电作业安全的基本要求

为了保证带电作业中的人身安全，不论是何种作业方法，在安全技术上都必须满足下列基本要求：

（1）通过人体的电流必须限制到安全电流 1mA 或以下。

（2）必须将高电电场限制到人身安全和健康无损害的数值内。

（3）工作人员与带电导体间的距离应保证在电力系统中发生各种过电压时，不会发生闪络放电，具体如表 4-1 所示。

（4）带电作业人员必须参加严格的工艺培训，经考试合格后方可上岗，作业时要有监护人。

表 4-1　　　　　　　　带电作业时人身与带电体的安全距离

电压等级（kV）	安全距离（m）	电压等级（kV）	安全距离（m）
10 及以下	0.4	500	3.4（3.2）[②]
20~35	0.6	750	5.2（5.6）[③]
63（66）	0.7	1000	6.8（6.0）[④]
110	1.0	±500	3.4
220	1.8（1.6）[①]	±660	
330	2.2	±800	6.8

① 220kV 带电作业安全距离因受设备限制达不到 1.8m 时，经本单位分管生产领导（总工程师）批准，并采取必要的措施后，可采用括号内 1.6m 的数值。

② 海拔 500m 以下，500kV 取 3.2m 值，但该值不适用于 500kV 紧凑型线路。海拔在 500~1000m 时，500kV 取 3.4m 值。

③ 5.2m 为海拔 1000m 以下值，5.6m 为海拔 2000m 以下值。

④ 单回输电线路数据，括号中数据 6.0m 为边相，6.8m 为中相。

（5）带电作业应在良好的天气下进行。如遇雷、雨、雪、雾不得进行带电作业。在特殊情况下，如在恶劣天气进行带电抢修时，应组织有关人员充分讨论并编制必要的安全措施，经本单位主管生产领导（总工程师）批准后方可进行。

（6）对于比较复杂、难度较大的带电作业新项目和研制的新工具，应进行科学试验，确认安全可靠，编出操作工艺方案和安全措施，并经本单位主管生产领导（总工程师）批准后，方可进行和使用。

（7）参加带电作业的人员，应经专门培训，并经考试合格、企业书面批准后，方能参加相应的作业。带电作业工作票签发人和工作负责人、专责监护人应由具有带电作业实践经验的人员担任。

（8）带电作业应设专责监护人。监护人不得直接操作。监护的范围不得超过一个作业点。复杂或高杆塔作业必要时应增设（塔上）监护人。

（9）带电作业工作票签发人或工作负责人认为有必要时，应组织有经验的人员到现场勘察，根据勘察结果做出能否进行带电作业的判断，并确定作业方法和所需工具以及应采取的措施。

（10）带电作业有下列情况之一者应停用重合闸，且不得强送电：

1）中性点有效接地的系统中有可能引起单相接地的作业；

2）中性点非有效接地的系统中有可能引起相间短路的作业；

3）直流线路中有可能引起单极接地或极间短路的作业；

4）工作票签发人或工作负责人认为需要停用重合闸或直流再启动保护的作业。严禁约时停用或恢复重合闸及直流再启动保护。

（11）带电作业工作负责人在带电作业工作开始前，应与调度值班员联系。需要停用重合闸的作业，应由调度值班员履行许可手续。带电作业结束后应及时向调度值班员汇报。

（12）在带电作业过程中如设备突然停电，作业人员应视设备仍然带电。工作负责人应尽快与调度联系，值班调度员未与工作负责人取得联系前不得强送电。

二、高空作业车与不同电压等级的线路和电气设备的安全距离

高空作业车在作业时金属部分与不同电压等级的线路和电气设备应保持一定的安全距离，超过这个安全距离是非常危险的。因此，高空作业车在操作过程中任何金属部位都应满足表 4-2 所示的安全距离要求，工作中车体应良好接地。

表 4-2 高空作业车在操作过程中任何金属部位与带电体之间的安全距离

电压等级（kV）	10 及以下	35	63（66）	110	220	330	500
距离（m）	0.9	1.1	1.2	1.5	2.3	2.7	3.9

三、高空作业车在低压带电作业时的安全要求

高空作业车在低压带电作业时应设专人监护，使用有绝缘柄的工具。具体应注意以下事项：

（1）作业时应戴手套和安全帽和护目镜，应穿绝缘鞋和全棉长袖衣工作。

（2）严禁使用锉刀、金属尺和带电金属物的毛刷、毛弹等工具。

（3）应采取防止相间短路和单相接地的绝缘隔离措施。

（4）人体不得同时触及两根线头。

（5）在低压带电导线未采取绝缘措施不得进行带电操作。

（6）高空作业车的金属部分应与低压线路或设备保持足够的安全距离。

（7）带电作业绝缘斗臂车可以短时接触低压带电体，但不能长时间接触。在碰触低压带电体时应注意防止线路或设备相间短路事故的发生。

（8）非绝缘斗臂车的高空作业车不得碰触低压带电体，应保持表 4-2 中足够的安全距离。

第四节　标准化作业

一、高空作业车现场标准化作业的意义

高空作业车现场作业目前还没有具体的操作规程和技术导则。现场操作基本上是习惯性作业，凭借技术工人个人现场经验施工操作。安全和质量主要依靠个人能力和作业习惯，存在种种问题：① 作业计划不严密、作业流程不清、作业标准不一、控制措施不力、操作不规范；② 工器具、材料准备不完善；③ 作业人员不符合要求；④ 现场安全措施不完善；⑤ 作业中跳项、漏项、工作进度安排不合理，浪费人力财力。作业中错误较多，导致不安全的因素发生。

为了加强高空作业车现场安全和对作业质量全过程控制，按照安全生产客观规律及要求，制定高空作业车现场标准化作业卡有着极其重要意义。

1. 现场标准化作业含义

现场标准化作业是指以企业现场安全生产、技术活动的全过程及其要素为主要内容，制定作业程序标准和贯彻标准的一种有组织活动。

现场标准化作业卡是对每一项作业按照全过程控制的要求，对作业计划、准备、实施、总结等各个环节，明确具体操作的方法、步骤、危险点预控措施、标准和人员责任，依据工作流程组合成的执行文件，对生产现场标准化作业起指导作用，并应作为各级管理人员、技术人员平时学习和生产培训的主要教材，是现场标准化作业的主要控制标准之一。

利用好现场勘察记录、"两票"、标准化作业卡、施工方案等现场作业控制文书，按照现场勘察、工器具准备、出工前"两交一查"、停电（验电、挂接地）、现场安全交底、作业、送电等作业流程进行过程控制。

2. 现场标准卡内容

（1）标准卡：作业前准备、作业阶段和验收总结。

（2）作业前准备：准备工作安排、作业人员要求、工器具准备、材料准备、危险点分析及控制、作业人员分工。

3. 现场标准化作业卡的特点

现场标准化作业卡的特点是落实了"管生产必须管安全"的原则，具有综合性、针对性、操作科学性、培训性。

4. 开展现场标准化作业的作用

（1）开展现场标准化作业，对规范作业行为、控制作业风险、保证人身安

全、提高工作质量等有着极其重要的强制作用。

（2）开展现场标准化作业，是对现场作业活动的全过程进行细化、量化、标准化，保证作业过程处于可控、能控、在控状态，不出现偏差和错误，以获得最佳秩序与效果。

（3）开展现场标准化作业，对推动安全生产管理从事后分析的被动型管理模式向全过程控制的主动管理模式转变有着重要的作用。

二、高空作业车现场标准化作业卡使用

（1）现场标准化作业卡是现场记录的唯一形式。除了按照生产 MIS 应用管理要求必须在生产 MIS 中做班组技术记录外，不应有其他的现场记录形式。

（2）凡列入生产计划的工作应使用现场标准化作业卡，临时性检修宜采用现场标准化作业卡。

（3）一次作业任务具体编制一份现场标准化作业卡。

（4）作业前应组织作业人员对现场标准化作业卡进行专题学习，使作业人员熟练掌握工作程序和要求。

（5）现场作业应严格执行现场标准化作业卡，由工作负责人逐项打勾，并做好记录，不得漏项。工作负责人对现场标准化作业卡按作业程序的正确执行全面负责。

（6）现场标准化作业卡在执行过程中，如发现不切合实际、与相关图纸及有关规定不符等情况，应立即停止工作。工作负责人根据现场实际情况及时修改作业卡，征得现场标准化作业卡批准人的同意并做好记录后，按修改后的作业卡继续工作。

（7）对于综合性施工作业，如大型旁路作业，应尽量分成多个工作面，各工作面由一个作业小组负责，各小组分别使用与本工作面实际相符的现场标准化作业卡，总工作负责人使用总的现场标准化作业卡统一指挥、组织工作过程，协调好不同作业面之间的关系。

（8）使用过的现场标准化作业卡经专业技术人员审核后存档。作业有工作票的应和工作票一同存档。存档时间为一年。

三、现场标准化作业卡的内容和格式

1. 结构

现场标准化作业卡包括封面、范围、引用文件、前期准备（包括现场勘察记录 1 份）、流程图、作业程序和工艺标准（包括危险点和控制措施）、验收记

录、作业卡执行情况评估和附录 9 个部分。在结构上体现 PDCA（策划、实施、检查、处理）的要求。

2. 内容及格式

现场标准化作业卡由标题、编号、编写人及时间、审核人及时间、批准人及时间、作业负责人、作业时间、编写单位 8 项内容组成。

（1）标题采用"主标题+副标题"的形式。主标题即作业项目名称；副标题包含电压等级、线路名称、杆塔编号及工作内容。例如：《LW－IGW（IMEWP）断、接引线——10kV×××线搭接空载跌落式熔断器上引线现场标准化作业指导书》。

（2）编号。编号应具有唯一性和可追溯性，便于查找。位于封面的右上角。编号的基本结构是：DDZY/××××××××××，例如"DDZY/34040807001"，其中"DDZY"为"带电作业作业卡"代号，"34"为某供电局在用户供电可靠性管理系统中的代码；"04"为部门或班组在用户供电可靠性管理系统中的代码，没有代码的部门（班组）由各单位新增代码；"08"表示某现场标准化作业指导书的代码（可参见项目举例表）；"07001"表示该部门（班组）2007 年"08"项目的第一张标准化作业卡。

（3）编写人及时间。编写人负责作业卡的编写，在编写人一栏内签名，并注明编写时间。

（4）审核人及时间。审核人负责作业卡的审批，对编写的正确性负责，在审核人一栏内签名，并注明审核时间。

（5）批准人及时间。批准人是作业卡执行的许可人，在批准人一栏内签名，并注明批准时间。

（6）作业负责人组织执行作业指导书，对作业的安全、质量负责，在作业负责人一栏内签名。

（7）作业时间为现场作业具体工作时间。

（8）现场标准化作业卡封面格式详见附录一，填写说明详见附录二。

高空作业车现场标准化作业项目有多种，作业卡也有多种，具体实例详见附录三。

第五节　在变电站作业安全

一、一般安全措施

电力企业利用高空作业车作业非常普遍，作业内容和作业范围也在逐渐扩大，作业方式日益复杂，其在变电站作业是正常现象。在变电站作业时，一般的安全措施有：

（1）高空作业车进入变电站作业前必须按规定进行现场勘察。

（2）高空作业车进入变电站进行检修、施工作业，必须履行变电安全工作规程有关的工作票制度。

（3）高空作业车进入变电站进行检修、施工作业，应检查变电站（生产厂房）内外工作场所的井、坑、孔、洞或沟道，应覆以与地面齐平而坚固的盖板。在检修工作中如需将盖板取下，应设临时围栏。临时打的孔、洞，施工结束后应恢复原状。停车时应检查支腿位置，保证牢固可靠。

（4）高空作业车停车后必须接地，接地线应符合规范要求，且接地可靠。

（5）严禁高处作业不正确使用安全带、不戴安全帽。

（6）在带电设备周围禁止使用钢卷尺、皮卷尺和线尺（夹有金属丝者）进行测量工作。

（7）高空作业车进入变电站进行检修工作，作业人员应始终注意车辆的斗或臂与带电部位保持《国家电网公司电力安全工作规程（变电部分）》要求的安全距离。

（8）高空作业车进入变电站进行检修工作，应设专职监护人。

（9）高空作业车进入变电站进行检修工作，必须做好防止静电感应的安全措施。

（10）患有精神病、癫痫病及经医师鉴定患有高血压、心脏病等的人员不宜操作高空作业车及升降平台。

（11）工作人员有饮酒、精神不振等情况时，禁止操作高空作业车及升降平台。

（12）严禁现场特种作业人员无证上岗。

（13）严禁使用不合格的验电笔、接地线、绝缘棒、安全带，高空落物高风险场所不戴安全帽。

（14）在 5 级及以上的大风，以及暴雨、打雷、大雾等恶劣天气，应停止操作高空作业车及升降平台。

（15）在高空作业车及升降平台上作业应一律使用工具袋，较大的工具应用绳拴在牢固的构件上，不准随便乱放。

二、起重与运输

起重设备在电力生产中应用广泛，起重、运输存在较大安全隐患，应注意以下事项。

（一）一般注意事项

（1）对重大起重作业方案以及起重工作所采用起重设备的技术规程、标准，应在施工组织设计中明确规定。

（2）须经过安装、试车、运行的起重设备及其电力、照明、取暖等接线，行驶轨道或路面、路基的状况及号志的设置等一切有关部分，均应由有关的专门技术人员进行检查和试验，出具局面证明，确认设备安全可靠后，方可投入使用。

特种设备还需特种设备安全监督管理部门登记并经检验检测机构监督检验合格。

（3）对起重设备的停置、燃料或附属材料的存放等一切有关环境及措施，应事先予以查验或提出规定要求，以确保安全。

（4）起重设备的操作人员和指挥人员应经专业技术培训，并经实际操作及有关安全规程考试合格、取得合格证后方可独立上岗作业，其合格证种类应与所操作（指挥）的起重机类型相符合。起重设备作业人员在作业中应严格执行起重设备的操作规程和有关的安全规章制度。

（5）起重设备、吊索具和其他起重工具的工作负荷不准超过铭牌规定。在特殊情况下，如必须超铭牌使用时，应经过计算和试验，并经厂（局）分管生产的领导（总工程师）批准。因历史原因没有制造厂铭牌的各种起重机具，应经查算并做荷重试验后，方可使用。购置起重设备应按国家有关生产许可管理制度，从获得相应资质的企业中选购。

（6）一切重大物件的起重、搬运工作应由有经验的专人负责，作业前应向参加工作的全体人员进行技术交底，使全体人员均熟悉起重搬运方案和安全措施。起重搬运时，只能由一人指挥，必要时可设置中间指挥人员传递信号。起重指挥信号应规范。

（7）凡属下列情况之一者，应制订专门的安全技术措施，经本单位分管生产的领导（总工程师）批准，作业时应有技术负责人在场指导，否则不准施工。

1）重量达到起重设备额定负荷的 90% 及以上时。

2）两台及以上起重设备抬吊同一物体时。

3）起吊重要设备、精密物件、不易吊装的大件或在复杂场所进行大件吊装时。

4）爆炸品、危险口必须起吊时。

5）起重设备在输电线路下方或距带电体较近时。

（8）遇有大雾、照明不足、指挥人员看不清各工作地点或起重机操作人员未获得有效指挥时，不准进行起重工作。

（9）遇有 6 级以上的大风时，禁止露天进行起重工作。当风力达到 5 级以上时，受风面积较大的物体不宜起吊。

（10）各种起重设备的安装、使用以及检查、试验等，除应遵守本规程的规定外，还应执行国家、行业有关部门颁发的相关规定、规程和技术标准。

（11）当起重设备处于相邻建筑物、构筑物等设施的防雷装置接闪器的保护范围以外时，安装防雷装置的规定见表 4-3。野外作业的流动式起重机，在雷雨天应停止作业，并将起重机伸臂放下或收回。

表 4-3　　　　　　　　　　机械设备安装防雷装置的规定

地区平均雷暴日（d）	机械设备高度（m）
小于等于 15	大于等于 50
大于 15 且小于 40	大于等于 32
大于等于 40 且小于 90	大于等于 20
大于等于 90 及雷害特别严重地区	大于等于 12

（12）各种起重设备的检查、试验等工作应符合有关规定要求。

（二）各式起重机

1. 一般规定

（1）没有得到司机的同意，任何人不准登上起重机或起重机的轨道。

（2）各式起重机的齿轮、转轴、对轮等露出的转动部分，均应安设保护装置。

（3）各式起重机应该根据需要安设过卷扬限制器、过负荷限制器、起重臂俯仰限制器、行程限制器、联锁开关等安全装置；其起升、变幅、运行、旋转机构都应装设制动器，其中起升和变幅机构的制动器应是常闭式的。臂架式起重机应设有力矩限制器和幅度指示器。铁路起重机应安有夹轨钳。

（4）起重量在 30t 及以上的桥式起重机，其起升机构的每一套独立驱动装置应设两套制动器，且每一套制动器均具有能单独支持额定起重量的制动能力。

（5）各式起重机的驾驶室均应装有音响（喇叭、电铃）或色灯的信号装置，以备操作时发出警告。

（6）起重机上的配电盘、变压器及滑动环应有保护装置。

（7）起重机及起重设备上所用的电缆应为橡胶绝缘电缆；裸线只允许作为滑行导线。电源电缆应有专人（电工）负责检查是否因磨损而有漏电现象，如发现胶皮损坏，应进行修理。

（8）起重机上应备有灭火装置，驾驶室内应铺橡胶绝缘垫，禁止存放易燃物品。

（9）在轨道上移动的起重机，除铁路起重机外都应在距轨道末端 2m 处设车挡和缓冲器。轨道应接地，轨道间应有电气连接，每隔 20m 接地一次，接地电阻应不大于 4Ω。轨道上禁止涂油或撒沙子。

（10）未经起重机械主管部门同意，起重机械各部的机构和装置不得变更或拆换。

（11）对在用起重机械应至少每月进行一次经常性检查，并做好记录。起重机械每使用一年，至少应做一次全面技术检查。起重机的技术检查包括：① 检查其有无保险装置、联锁装置和防护装置，以及这些装置是否完好；② 检查附件（绳索、链条、吊钩、齿轮和转动装置）的状况与磨损程度和固定物（螺帽开口销等）的状况；③ 对电力传动的起重机，还应检查接地状况。

（12）对新装、拆迁、大修或改变重要性能的起重机械，在使用前均应按出厂说明书的要求，进行静负荷及动负荷试验。

（13）装有过卷扬限制器、过负荷限制器、行程限制器以及起重臂俯仰限制器等的各式起重机，在工作时，指挥人员应在其限制范围内工作，禁止利用这些安全装置来代替正规操作动作，但属于自动化操作范围内的安全装置除外。

（14）吊物上不许站人，禁止工作人员利用吊钩来上升或下降。水电厂起吊大件须站在吊物上工作的，应制定专门的安全措施，并履行审批手续，防止高空坠落。

（15）起重物品应绑牢，吊钩要挂在物品的重心上，吊钩钢丝绳应保持垂直。禁止使吊钩斜着拖吊重物。在吊钩已挂上而被吊物尚未提起时，禁止起重机移动或做旋转动作。

（16）起重机在起吊大的或不规则的构件时，应在构件上系以牢固的拉绳，使其不摇摆不旋转。

（17）起吊重物前应由工作负责人检查悬吊情况及所吊物件的捆绑情况，确定可靠后方准试行起吊。起吊重物稍一离地（或支持物），就须再检查悬吊及捆绑情况，确定可靠后方准继续起吊。在起吊过程中，如发现绳扣不良或重物有倾倒危险，应立即停止起吊。

（18）起重机传动装置在运转中变换方向时，应在停止稳定后再开始逆向运转，禁止直接变更运转方向。运转速度不宜变化过大，加速或减速均应逐渐进行。

（19）与工作无关人员禁止在起重工作区域内行走或停留。起重机正在吊物时，任何人不准在吊杆和吊物下停留或行走。

（20）起吊重物不准让其长期悬在空中。有重物暂时悬在空中时，禁止驾驶人员离开驾驶室或做其他工作。

（21）禁止用起重机起吊埋在地下的物件。

（22）起重机作业完毕后，应摘除挂在吊钩上的千斤绳，并将吊钩升起；对于用油压或气压制动的起重机，应将吊钩降至地面，吊钩钢丝绳呈收紧状态。悬臂式起重机应将起重臂放至 40°～60°，刹住制动器，所有操纵杆放在空挡位置并切断主电源。如遇天气预报风力将达 6 级时，应将起臂杆转至顺风方向并松开回转制动器；风力将达到 7 级时，应将臂杆放下。

（23）起重机发生故障时，应及时修复，但不得在运行中进行调整或修理工作。起升机构进行调整或修理时，应将吊钩降至地面；动臂式吊车变幅机构进行调整或修理时，应将伸臂降至地面或采取措施将伸臂可靠固定。

2. 两台及两台以上起重机同吊一件物体时应遵守的规定

（1）绑扎时，应根据各台起重机的允许起重量按比例分配负荷。

（2）每台起重机的荷重均不超过该机 80%的额定起重量；当厂房内采用专用吊具用两台桥式起重机抬吊发电机转子时，每台起重机的荷重不准超过该机的额定起重量。

（3）应由专人统一指挥，指挥人应站在两台起重机的驾驶人员均能看清的地方。

（4）各台起重机的起重绳应保持垂直，升降、行走应协调一致。

（5）应在工作负责人的直接领导下，按照由总工程师批准的安全技术措施进行。

3. 电动起重机应执行的规定

（1）电气设备应由电工进行安装、检修和维护。

（2）电气装置应安全可靠，熔丝应符合规定。

（3）电气设备进行检修和保养时，应先切断电源。

（4）作业中如遇突然停电，应先将所有的控制器恢复到零位，然后切断电源；工作完毕或休息时，也应切断电源。

（5）电气装置跳闸后，应查明原因，排除故障后方可合闸，不得强行合闸。

（6）漏电失火时，应立即切断电源，禁止用水浇泼。

4. 流动式起重机

（1）起重机停放或行驶时，其车轮、支腿或履带的前端或外侧与沟、坑边缘的距离不得小于沟、坑深度的 1.2 倍，否则应采取防倾、防坍塌措施。

（2）作业时，起重机应置于平坦、坚实的地面上，机身倾斜度不得超过制造厂的规定。不得在暗沟、地下管线等上面作业；不能避免时，应采取防护措施，不得超过暗沟、地下管线允许的承载力。

（3）作业时，起重机臂架、吊具、钢丝绳及吊物等与架空输电线及其他带电体的最小安全距离不得小于表 4-4 和表 4-5 的规定，且应设专人监护。

表 4-4　　　　　与架空输电线及其他带电体的电小安全距离

电压（kV）	<1	1～10	35～63	110	220	330	500
最小安全距离（m）	1.5	3.0	4.0	5.0	6.0	7.0	8.5

表 4-5　　车辆（包括装载物）外廓至无遮栏带电部分之间的安全距离

电压等级（kV）	安全距离（m）	电压等级（kV）	安全距离（m）
35	1.15	220	2.55
63（66）	1.40	330	3.25
110	1.65（1.75）*	500	4.55

* 括号内数字为 110kV 中性点不接地系统所使用。

（4）长期或频繁地靠近架空线路或其他带电体作业时，应采取隔离防护措施。

（5）履带起重机行驶时，回转盘、臂杆及吊钩应固定住，下坡时不得空挡滑行。

（6）履带起重机吊物行走时，吊物应位于起重机的正前方，并用绳索拉住，缓慢行走；吊物离地面不得超过 50cm，吊物重量不得超过起重机当时允许起重量的 70%。

（7）汽车起重机行驶时，应将臂杆放在支架上，吊钩挂在挂钩上，并将钢丝绳收紧，上车操作室禁止坐人。

（8）汽车起重机及轮胎起重机作业前应先支好全部支腿后方可进行其他操作；作业完毕后，应先将臂杆放在支架上，然后方可起腿。汽车式起重机除具有吊物行走性能者外，均不得吊物行走。

（9）铁路起重机在接近允许负荷时应夹好轨钳，支好支撑并进行试吊。带负荷向弯道内侧旋转或带负荷行走时，其负荷量不得超过当时允许起重量的80%。起重机在坡道上停留时，应在车轮下安设止轮器。

（三）起重工器具

1. 钢丝绳和纤维绳（包括麻绳、棕绳、化纤绳）

（1）钢丝绳的使用，应按照制造厂家技术规范的规定。如果没有厂家技术规范的规定时，应按 GB 8918—2006《重要用途钢丝绳》的规定从钢丝绳上取样试验，以确定该钢丝绳的技术性能。钢丝绳使用中应加强寿命管理，严格按照有关规定按月检查；使用达到寿命期，外表完好的也要报废。其他绳索也要遵循同一原则。钢丝绳的检查报废，除应符合 GB/T 20118—2006《一般用途钢丝绳》的要求外，还应按照 GB/T 5972—2006《起重机用钢丝绳检验和报废实用规范》进行检验和检查。

（2）钢丝绳应按其力学性能选用，并应配备一定的安全系数。钢丝绳的安全系数及配合滑轮的直径应不小于表 4–6 的规定。

表 4–6　　　　　　　　　　钢丝绳的安全系数及配合滑轮直径

钢丝绳的用途			滑轮直径 D	安全系数 K
缆风绳及拖拉绳			$\geq 12d$	3.5
驱动方式	人力		$\geq 16d$	4.5
	机械	轻级	$\geq 16d$	5
		中级	$\geq 18d$	5.5
		重级	$\geq 20d$	6
千斤绳	有绕曲		$\geq 2d$	6～8
	无绕曲			5～7
地锚绳				5～6
捆绑绳				10
载人升降机			$\geq 40d$	14

注　d 为钢丝绳直径。

（3）绳索在使用前应仔细检查，钢丝绳应防止打结或扭曲。

（4）钢丝绳不得相互直接套挂连接。插编式钢丝绳吊索、环绳及用编结法连接钢丝绳时，其插编结合段长度不应小于钢丝绳直径的 20 倍，且不小于 300mm。吊索及环绳应经 1.25 倍允许工作荷重的静力试验合格后，方可使用。

（5）在吊起重物时，其绳索间的夹角一般不大于 90°，最大不大于 120°。

（6）在任何情况下禁止钢丝绳和电焊机的导线、其他带电体、炽热物体或火焰接触。

（7）通过滑轮或滚筒的钢丝绳不准有接头。往滑轮上缠绳时，应注意松紧，同时不使其扭卷。起重机的起升机构和变幅机构不得使用编结接长的钢丝绳。

（8）钢丝绳不得与物体的棱角、锐边直接接触，应垫以半圆管、木板等，防止钢丝绳受损伤。

（9）钢丝绳在机械运动中不得与其他物体或相互间发生摩擦。

（10）钢丝绳端部用绳卡固定连接时，绳卡规格应与钢丝绳直径相适应，绳卡压板应在钢丝绳主要受力的一边，绳卡间距应不小于钢丝绳直径的 6 倍，绳卡的数量应不少于表 4-7 的要求。绳卡连接的牢固情况应经常进行检查。对不易接近处可采用将绳子放出安全弯的方法进行监视。

表 4-7 钢丝绳端部固定用绳卡的数量

钢丝绳直径（mm）	7～18	19～27	28～37	38～45
绳卡数量（个）	3	4	5	6

两根钢丝绳用绳卡搭接时，除应遵守上述规定外，绳卡数量应比表 4-7 的要求增加 50%。

（11）钢丝绳、纤维绳均应在通风良好、不潮湿的室内保管，要放置在架上或悬挂好。钢丝绳应定期上油，纤维绳受潮后应加以干燥，在使用中应避免碰到酸碱液或热体。

（12）对于钢丝绳上的污垢及干涸的润滑油，应用抹布和煤油将其清除，不准使用钢丝刷及其他锐利的工具清除。

（13）麻绳、纤维绳用作吊绳时，其许用应力不得大于 0.98kN/cm²。用作绑扎绳时，许用应力应降低 50%。有霉烂、腐蚀、损伤者不得用于起重作业；有断股者禁止使用。

（14）纤维绳在潮湿状态下的允许荷重减少一半，涂沥青的纤维绳应降低 20%使用。

（15）禁止在机械驱动的情况下使用纤维绳。

（16）切断绳索时，应先将预定切断的两边用软钢丝扎结，以免切断后绳索松散。钢丝绳在切断前每边需要扎结的道数为：麻心钢丝绳为 3 道，钢心钢丝绳为 4 道。

2．卸扣

（1）卸扣应是锻造并经过热处理的，禁止使用铸造卸扣。不准超负荷使用。卸扣不得横向受力。

（2）卸扣的销子不得扣在活动性较大的索具内。

（3）卸扣不得处于吊件的转角处。

3．吊钩

（1）吊钩应有制造厂的合格证等技术证明文件方可投入使用，否则应经检验、查明性能合格后方可使用。新吊钩应做负荷试验。

（2）起重设备中所用的吊钩和吊环，应用锻成的或用钢板铆成的，不准使用铸成的或用钢条弯成的。有裂纹或显著变形的不准使用，也不准在吊钩上焊补或在受力部位钻孔。

（3）吊钩应设有防止脱钩的封口保险装置。

4．滑车及滑车组

（1）滑车及滑车组使用前应进行检查，发现有裂纹、轮沿破损等情况者，不得使用。

（2）在受力方向变化较大的场合和高处作业中，应采用吊环式滑车；如采用吊钩式滑车，应对吊钩采取封口保险措施。

（3）滑车组使用中，两滑车滑轮中心间的最小距离不得小于表4–8的要求。

表4–8　　　　　　　　滑车组两滑车滑轮中心最小允许距离

滑车起重量（t）	1	5	10～20	32～50
滑轮中心最小允许距离（mm）	700	900	1000	1200

（4）滑车不准拴挂在未经计算的结构物上。使用开门滑车时，应将开门的钩环紧固，防止钢绳自动跑出。

（5）拴挂固定滑车的桩或锚，应按土质不同情况加以计算，使之埋设牢固可靠。如使用的滑车可能着地，则应在滑车底下垫以木板，防止垃圾窜入滑车。

5．千斤顶

（1）使用前应检查各部分是否完好。油压式千斤顶的安全栓有损坏、螺旋式千斤顶或齿条式千斤顶的螺纹或齿条的磨损量达20%时，禁止使用。

（2）应设置在平整、坚实处，并用垫木垫平。千斤顶应与荷重面垂直，其顶部与重物的接触面间应加防滑垫层。

（3）禁止超载使用，不得加长手柄或超过规定人数操作。

（4）使用油压式千斤顶时，任何人不得站在安全栓的前面。

（5）在顶升的过程中，应随着重物的上升在重物下加设保险垫层，到达顶升高度后，应及时将重物垫牢。往下放时，应随重物下放高度逐步撤去垫板。

（6）用两台及两台以上千斤顶同时顶升一个物体时，千斤顶的总起重能力应不小于荷重的两倍。顶升时应由专人统一指挥，确保各千斤顶的顶升速度及受力基本一致。

（7）油压式千斤顶的顶升高度不得超过限位标示线；螺旋及齿条式千斤顶的顶升高度不得超过螺杆或齿条高度的3/4。

（8）禁止将千斤顶放在长期无人照料的荷重下面。

（9）下降速度应缓慢，禁止在带负荷的情况下使其突然下降。

6. 链条葫芦

（1）使用前检查吊钩、链条、传动装置及刹车装置是否良好。吊钩、链轮、倒卡等有变形时，以及链条直径磨损量达 10%时，禁止使用。

（2）两台及两台以上链条葫芦起吊同一重物时，重物的重量应不大于每台链条葫芦的允许起重量。

（3）起重链不得打扭，亦不得拆成单股使用。

（4）不得超负荷使用，起重能力在 5t 以下的允许 1 人拉链；起重能力在 5t 以上的允许两人拉链，不得随意增加人数猛拉。操作时，人员不得站在链条葫芦的正下方。

（5）吊起的重物如需在空中停留较长时间，应将手拉链拴在起重链上，并在重物上加设保险绳。

（6）在使用中如发生卡链情况，应将重物垫好后方可进行检修。

（7）悬挂链条葫芦的架梁或建筑物应经过计算，否则不准悬挂。禁止用链条葫芦长时间悬吊重物。

三、安全距离

（1）作业时，起重机臂架、吊具、辅具、钢丝绳及吊物等与架空输电线及其他带电体的最小安全距离不得小于表 3-5 的规定，且应设专人监护。安全距离小于表 3-5、大于表 2-4 和表 2-5 中数据时，应制定防止误碰带电设备的安全措施，并经本单位分管生产领导（总工程师）批准；安全距离小于表 2-4 和表 2-5 中数据的安全距离时，应停电进行。

（2）车辆（包括装载物）外廓至无遮栏带电部分之间的安全距离见表 4-9。

表 4-9　　　　　　　车辆外廓至无遮栏带电部分之间的安全距离

电压等级（kV）	安全距离（m）	电压等级（kV）	安全距离（m）
35	1.15	750	6.7（2）
63（66）	1.40	1000	8.25
110	1.65（1.75）	±500	5.6
220	2.55	±660	8.0
330	3.25	±800	9.0
500	4.55		

注　1. 括号内数字为 110kV 中性点不接地系统所使用；

　　2. 750kV 数据是按海拔 2000m 校正的，其他等级数据按海拔 1000m 校正。

（3）工作人员与设备带电部分的安全距离见表 4–10。

表 4–10　　　　　　　　工作人员与设备带电部分的安全距离

电压等级（kV）	安全距离（m）	电压等级（kV）	安全距离（m）
10 及以下（13.8）	0.35	750	8.00（2）
20、35	0.60	1000	9.50
63（66）、110	1.50	±500	6.8
220	3.00	±660	9.0
330	4.00	±800	10.1
500	5.00		

注　1. 表中未列电压按高一电压等级的安全距离。
　　2. 750kV 数据是按海拔 2000m 校正的，其他等级数据按海拔 1000m 校正。

四、高处作业其他注意事项

（1）凡参加高处作业的人员应每年进行一次体检。

（2）安全带的挂钩或绳子应挂在结实牢固的构件上或专为挂安全带用的钢丝绳上，并应采用高挂低用的方式。挂钩或绳子禁止挂在移动或不牢固的物件，如隔离开关（闸刀）支持绝缘子、CVT 绝缘子、母线支柱绝缘子、避雷器支柱绝缘子等上。

（3）阀体的工作。阀体工作使用升降车上下时，升降车应可靠接地，在升降车上应使用安全帽，正确使用安全带，进入阀体前，应取下安全帽和安全带上的保险钩，防止金属打击造成元件、光缆的损坏，但应注意防止高处坠落。

第六节　检修树枝现场典型作业安全技术

高空作业车在电力企业的应用越来越广泛，其中用于不同电压等级的架空线路运行、检修工作的情况特别多。因此，利用高空作业车进行作业的安全应极其关注。下面介绍几种常见利用高空作业车作业安全情况。

一、10kV 线路停电（带电）检修树枝安全

目前，利用高空作业车在配网及输电线路停电或带电情况下修剪树枝是常见作业，因此有必要对作业安全进行梳理。

1. 10kV 线路停电修剪树枝安全

（1）高空作业车进入工作现场（作业范围）后，选择合适的停车点停车，并根据工作票内容进行现场复勘，复勘无误后在牢固的基面按规定要求支腿并做好接地，修剪树枝作业人员按规定做好安全措施。

（2）高空作业车停电砍剪靠近线路的树木时，应填用线路第一种工作票。

（3）工作负责人在工作开始前，应站班会严格履行"三交三查"，向全体人员说明线路视为有电，所有人员、斗臂、绳索等应与带电导线保持（后简称《安规》）规定的安全距离，告知危险点和安全注意事项。

（4）高空作业车斗上作业人员操作时，由一人监护，一人操作，地面应有专人监护。

（5）砍剪树木时，应防止马蜂等昆虫或动物伤人。

（6）砍剪树木应有专人监护。待砍剪的树木下面和倒树范围内不得有人逗留，防止砸伤行人。为防止树木（树枝）倒落在导线上，应设法用绳索将其拉向与导线相反的方向。绳索应有足够的长度，以免拉绳的人员被倒落的树木砸伤。砍剪山坡树木应做好防止树木向下弹跳接近导线的措施。

（7）5级及以上大风天气，禁止砍剪高出或接近导线的树木。

（8）使用油锯和电锯的作业，应由熟悉机械性能和操作方法的人员操作。使用时，应先检查所能锯到的范围内有无铁钉等金属物件，以防金属物体飞出伤人。

（9）砍剪树木、树梢时，应防止树木、树梢倒入斗内。

（10）利用绝缘斗臂车修剪树枝时应防止树梢、锯末等飞溅到斗内。

（11）雷电、大风、大雨、大雪等恶劣天气禁止用高空作业车修剪树枝。

（12）工作结束后应清理现场。

2. 10kV 线路带电时修剪树枝安全

（1）高空作业车进入工作现场（作业范围）后，选择合适的停车点停车，并根据带电作业工作票内容进行现场复勘，复勘无误后在牢固的基面按规定要求支腿，并做好接地，修剪树枝作业人员按规定做好安全措施。

（2）高空作业车带电砍剪靠近线路的树木时，应填用带电作业工作票。

（3）工作负责人在工作开始前，应站班会严格履行"三交三查"，向全体人员说明线路有电，所有人员、斗臂、绝缘绳索等应与带电导线保持《安规》规定的安全距离，告知危险点和安全注意事项。

（4）高空作业车斗上作业人员操作时，由一人监护，一人操作，地面应有专人监护。

（5）砍剪树木时，应防止马蜂等昆虫或动物伤人。

（6）砍剪树木应有专人监护。待砍剪的树木下面和倒树范围内不得有人逗留，防止砸伤行人。为防止树木（树枝）倒落在导线上，应设法用绝缘绳索将其拉向与导线相反的方向。绝缘绳索应有足够的长度，以免拉绳的人员被倒落的树木砸伤。砍剪山坡树木应做好防止树木向下弹跳接近导线的措施。

（7）树枝接触或接近高压带电导线时，应将高压线路停电或用绝缘工具使树枝远离带电导线至安全距离。此前严禁人体接触树木。

（8）5级及以上大风天气，禁止砍剪高出或接近导线的树木。

（9）使用油锯和电锯的作业，应由熟悉机械性能和操作方法的人员操作。使用时，应先检查所能锯到的范围内有无铁钉等金属物件，以防金属物体飞出伤人。作业人员始终注意油锯和电锯与带电保持《安规》规定的安全距离。监护人监护到位。

（10）砍剪树木、树梢时，应防止树木、树梢倒入斗内。

（11）利用绝缘斗臂车修剪树枝时应防止树梢、锯末等飞溅到斗内。

（12）雷电、大风、大雨、大雪等恶劣天气禁止用高空作业车修剪树枝。

（13）工作结束后应清理现场。

二、利用斗臂车更换 10kV 线路直线杆绝缘子

1. 现场基本安全要求

（1）高空作业车进入工作现场（作业范围）后，选择合适的停车点停车，并根据工作票内容进行现场复勘，复勘无误后在牢固的基面按规定要求支腿，并做好接地，作业人员按规定做好安全措施。

（2）用高空作业车停电更换 10kV 线路直线杆绝缘子时，应填用线路第一种工作票。

（3）工作负责人在工作开始前，应先开站班会，严格履行"三交三查"，向全体人员说明线路视为有电，所有人员、斗臂、绳索等应与带电导线保持《安规》规定的安全距离。告知危险点和安全注意事项。

（4）高空作业车操作时应注意与带电体、建筑物、树木等保持足够的安全距离。

（5）高空作业车操作进入作业点 0.9m 以上距离时，应停止操作。作业人员应对线路验电，确认线路无电压方可操作作业车进入作业点，并保持 0.4m 以上距离。

（6）高空作业车斗上作业人员操作时，地面应有专人监护。

（7）斗上作业人员禁止抛物，地面人员严禁在高空作业车斗臂下逗留。

（8）大件物体必须用绳索传递。

（9）高空作业车的斗载重总量不得超过 200kg。

（10）斗上作业人员着装正确，应系安全带、戴安全帽。

2. 10kV 线路直线杆绝缘子绑扎要求

（1）正确选择、检查和使用工具、材料。

（2）绑线和导线应使用同种金属，绑线本身不能有接头、直径不得小于导线绞线单股直径，但也不能太大，以免施工不便和不易绑紧。

（3）10kV 线路导线采用双十字绑扎、农网低压线路采用单十字绑扎。

（4）导线绑扎应牢固，针瓶一侧导线在断线或松线的情况下不会从针瓶脱出。

（5）扎线操作动作轻松流畅。

（6）扎线工艺美观。

3. 导线在针瓶上绑扎分类

（1）顶绑法：就是把导线绑在绝缘子顶槽中，这种绑法适用于直线杆。

（2）侧绑法：就是把导线绑在绝缘子侧槽中，这种绑法适用于小转角杆和直线杆。侧绑时应注意以下要求。

1）对于小转角杆，导线应绑在转角外侧，工作斗及作业人员应位于转角外侧。

2）对于直线杆导线应绑在靠电杆一侧，以方便施工。

4. 顶绑法的步骤及方法

先将绑线和铝包带盘成小圆圈，大小适中、紧密。为了防止导线磨伤，扎线前先在导线绑扎的部分上顺绞线方向均匀缠上两层厚 1mm、宽 10mm 软铝带，（从绝缘子中间起始缠绕）其缠裹长度应超出绑扎长度两端各 15～20mm，如图 4-3 所示。

图 4-3　绑线和铝包带盘成的小圆圈

第一步：把导线嵌入针瓶顶槽内，并在导线左边紧靠针瓶处用扎线顺导线绞向绕上 3 圈，扎线短头一端预留 250mm，如图 4-4 所示。

第二步：接着把扎线盘起的一端按顺时针方向围绕针瓶外侧颈槽到针瓶右边导线下侧，绑线随即向上提起，压住顶槽中的导线到针瓶左侧导线下方，与导线形成交叉，如图 4-5 所示。

第三步：将扎线盘起的一端按逆时针方向围绕针瓶内侧颈槽到针瓶右边导线下侧，将扎线再次提起斜压住顶槽中的导线到针瓶左边导线下侧，在针瓶顶槽中形成十字，如图 4-6 所示。

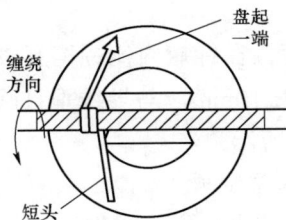

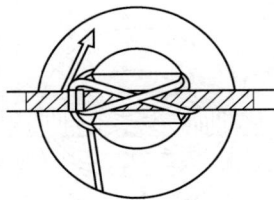

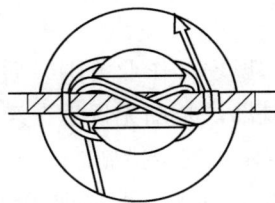

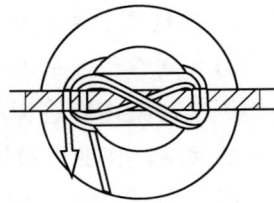

图 4-4　顶绑法步骤一　　　图 4-5　顶绑法步骤二　　　图 4-6　顶绑法步骤三

第四步：将扎线盘起的一端沿针瓶外侧颈槽（顺时针方向）到导线右边，在导线右边紧挨针瓶沿导线绞向缠绕 3 圈，如图 4-7 所示。

第五步：将扎线盘起的一端沿针瓶内侧颈槽（顺时针方向）到导线左边下侧将扎线提起，斜压住针瓶顶槽中的导线到针瓶右边导线下侧，如图 4-8 所示。

第六步：按逆时针方向围绕外侧针瓶颈部到导线左边下侧再次将扎线向上提起，如图 4-9 所示。

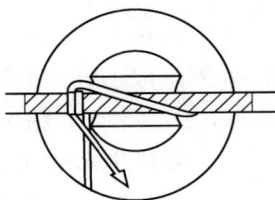

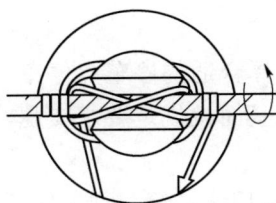

图 4-7　顶绑法步骤四　　　图 4-8　顶绑法步骤五　　　图 4-9　顶绑法步骤六

第七步：将提起的扎线再次压住顶槽中的导线到右边导线下侧，在针瓶顶槽中形成双十字，如图 4-10 所示。

第八步：将扎线按顺时针方向沿针瓶内侧颈槽绕到针瓶左侧导线，第二次在导线上沿导线绞向缠绕 3 圈，如图 4-11 所示。

第九步：将扎线按顺时针方向沿针瓶外侧颈槽绕到针瓶右侧导线下侧，第二次在针瓶右侧导线上紧沿导线绞向缠绕 3 圈，如图 4-12 所示。

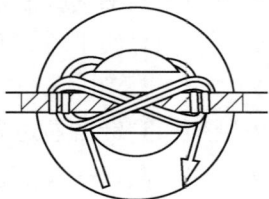
图 4-10　顶绑法步骤七

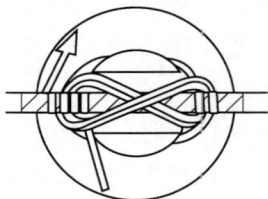
图 4-11　顶绑法步骤八

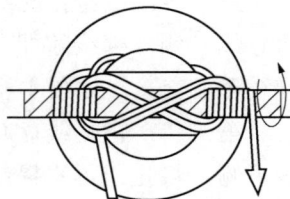
图 4-12　顶绑法步骤九

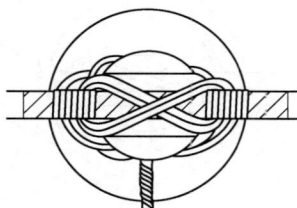
图 4-13　顶绑法步骤十

第十步：扎线余端与短头在针瓶内侧颈槽互绞 5～6 圈形成小辫，小辫头长 10mm，与导线垂直回头与扎线贴平，如图 4-13 所示。

5. 导线绑扎过程中的注意事项

（1）如果用钳子绑扎，应防止钳口克伤导线。

（2）绑扎时不要前后拉动导线，应按导线在绝缘子上的自然位置进行绑扎，防止导线两侧拉力不均，使绝缘子倾斜。

（3）在日常施工过程中，绑扎前应检查绝缘子瓷质部分有无裂纹、硬伤、脱釉等现象，瓷质部分与金属部分连接是否牢靠，金属部分有无严重锈蚀现象，并对绝缘子进行清洁。

三、利用斗臂车挂设 10kV 线路接地线

1. 现场基本安全要求

（1）高空作业车进入工作现场（作业范围）后，选择合适的停车点停车，并根据工作票内容进行现场复勘，复勘无误后在牢固的基面按规定要求支腿，并做好接地，作业人员按规定做好安全措施。

（2）用高空作业车停电挂设 10kV 线路接地线时，应填用线路第一种工作票。

（3）工作负责人在工作开始前，应站班会严格履行"三交三查"，向全体人员说明线路视为有电，所有人员、斗臂、绳索、接地线等应与带电导线保持《安规》规定的安全距离。告知危险点和安全注意事项。

（4）高空作业车操作时应注意与带电体、建筑物、树木等保持足够的安全距离。

（5）高空作业车操作进入作业点 0.9m 以上距离时，应停止操作。作业人员

应对线路验电，确认线路无电压方可操作作业车进入作业点，并保持 0.7m 以上距离。

（6）高空作业车斗上作业人员操作时，地面应有专人监护。

（7）斗上作业人员禁止抛物，地面人员严禁在高空作业车斗臂下逗留。

（8）大件物体、接地线必须用绳索传递。

（9）高空作业车的斗载重总量不得超过 200kg。

（10）斗上作业人员着装正确，应系安全带、戴安全帽。

2. 挂设（拆除）10kV 线路接地线操作步骤

（1）工作负责人与调度联系，确认线路已停电。

（2）工作负责人根据线路第一种工作票所列工作任务与作业人员认真核对线路双重命名（杆号），并核对无误。

（3）工作监护人 1 人，操作人员 1 人，地面工作人员一人。

（4）地面工作人员检查绝缘手套、接地线、验电器、高压工频发生器、安全绳索等符合规定要求。

（5）地面工作人员做好接地线，接地棒插入地面的深度不得小于 0.6m，严禁使用其他导线做接地线和短路线。

（6）接地线应有接地和短路导线构成的成套接地线。成套接地线必须用多股软铜线组成，其截面不得小于 25mm^2。

（7）工作负责人下令斗上作业人员操作作业车。在操作过程中必须在监护人的监护下进行。

（8）作业车斗上作业人员安全规范操作，到达作业点 0.7m 以上距离时，禁止操作，并且将工作斗操作至合适的位置。

（9）斗上作业人员重新复查验电器，合格后向工作负责人汇报。经工作负责人同意后开始验电，验电时必须戴绝缘手套。验电接地工作过程中，监护人的视线始终不能离开操作人员，随时提醒、规范操作人员的操作动作，监视操作人员与带电线路、设备之间的安全距离。

（10）验电过程中作业人员必须与带电体保持 0.7m 以上的安全距离。

（11）验电应先验低压，后验高压，先验下层，后验上层，先验近端，后验远端。

（12）确认线路或设备确无电压，向工作负责人汇报。

（13）工作负责人明确线路确无电压后下令开始挂接地线。

（14）接地线用绳索传递，接地线到位后，作业人员向工作负责人汇报可否挂设接地线，工作负责人接到汇报后下令可以开始挂设接地线。

（15）挂设接地线时，应先挂接地端，后挂导线端，先挂低压，后挂高压，先挂近端，后挂远端。

（16）装拆接地线时，应使用绝缘棒，人体不得碰触接地线及设备，不允许采用缠绕方式装设接地线。

（17）正确挂接接地线后汇报工作负责人。工作负责人确定接地线已挂好，此项工作已完成。随后工作负责人下达拆除接地线的任务。

（18）拆除接地线时，应先拆导线端，后拆接地端。先拆高压，后拆低压，先拆上层，后拆下层，先拆远端，后拆近端。

（19）接地线拆除后，作业人员向工作负责人汇报，接地线已拆除。接地线用绳索传递到地面。工作负责人下令斗上作业人员返回。

（20）斗上作业人员操作斗臂车应按照规范要求进行。

（21）按要求收支腿，此项工作完成。

（22）工作负责人确定接地线已拆除，杆上无遗留物后，清理现场工作结束。

（23）如遇雷（可闻雷声或可见闪电）、雨、雾不得高空作业车作业，风力大于 5 级（10.7m/s）、天气温度高于 37℃、一般不宜进行高空作业车作业。

（24）在停电线路上的开关或者已断开的隔离开关、跌落式熔断器验电时，应两侧都进行验电。

四、利用斗臂车停电安装 10kV 线路直线横担

1. 现场基本安全要求

（1）高空作业车进入工作现场（作业范围）后，选择合适的停车点停车，并根据工作票内容进行现场复勘，复勘无误后在牢固的基面按规定要求支腿并做好接地，作业人员按规定做好安全措施。

（2）用高空作业车停电安装 10kV 线路直线横担时，应填用线路第一种工作票。

（3）工作负责人在工作开始前，应站班会严格履行"三交三查"，向全体人员说明线路视为有电，所有人员、斗臂、绳索、横担等应与带电导线保持《安规》规定的安全距离。告知危险点和安全注意事项。

（4）高空作业车操作时应注意与带电体、建筑物、树木等保持足够的安全距离。

（5）高空作业车操作进入作业点 0.9m 以上距离时，应停止操作。作业人员应对线路验电，确认线路无电压方可操作作业车进入作业点，并保持 0.4m 以上距离。

（6）高空作业车斗上作业人员操作时，地面应有专人监护。

（7）斗上作业人员禁止抛物，防止高空落物，地面人员严禁在高空作业车斗臂、作业点下方逗留。

（8）大件物体、横担必须用绳索传递。

（9）高空作业车的斗载重总量不得超过 200kg。

（10）斗上作业人员着装正确，应系安全带、戴安全帽。

2. 停电安装 10kV 线路直线横担操作步骤

（1）工作负责人与调度联系，确认线路已停电。

（2）工作负责人根据线路第一种工作票所列工作任务与作业人员认真核对线路双重命名（杆号），并核对无误。

（3）工作监护人 1 人，操作人员 1 人，地面工作人员 1 人。

（4）地面工作人员准备横担，检查横担、顶帽、抱箍等无锈蚀、无砂眼、规格符合设计，开口销、螺帽等无缺件，安全绳索等符合规定要求。

（5）工作负责人下令斗上作业人员用安全绳索将横担调至适当位置进行安装。安装横担的过程必须在监护人的监护下进行。

（6）质量安全要求。

1）不发生人员受伤事件。

2）横担、顶帽无锈蚀、砂眼，规格符合设计要求，螺帽等无缺件。

3）横担安装后应平整，横担端部上下歪斜和左右歪斜不应超过±20mm，横担顶帽方向：直线杆对准顺线路方向，转角、直转对准内角平分线上。

4）顶帽上抱箍上沿位置：直线杆 10cm，耐张、转角、终端为 15cm。横担位置自杆顶向下：直线、转角、耐张杆的顶帽抱箍上沿向下 60cm，转角、分支下横担为 60cm。双回路：直线杆为 80cm，耐张、转角、终端为 60cm。

5）横担、拉铁、挂板等螺栓应紧固。LJ－150 导线及以上的耐张、转角、终端杆应加装补强螺栓。

（7）自检、自评。

1）工作负责人检查横担安装质量，应符合规程要求。

2）清理现场，做到工完料尽场地清。

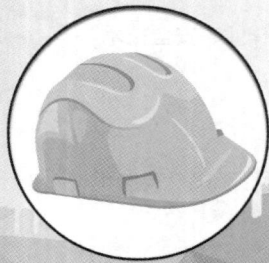

第五章　高空作业车安全管理

目前，在道路照明、电力系统施工检修作业及其他部门的施工作业中，高空作业车的使用越来越广泛，使用高空作业车是减轻劳动强度最有效的方法之一，因此加强高空作业车的安全管理刻不容缓。对高空作业车操作的检查、保养、维护是必不可少的，对高空作业车的安全管理应重视。

第一节　常　规　检　查

高空作业车在作业过程中难免会有操作系统故障产生，如各部件连接不牢固或失灵，液压油漏油等情况。为确保作业车的作业安全，要求作业人员或专业驾驶员对车体本身进行常规检查。

一、外观检查

（1）行驶前对汽车轮胎进行检查，检查轮胎是否漏气，各轮胎是否平衡。

（2）行驶前检查各连接部位的紧固是否牢固。

（3）高空作业车的伸缩臂是否收回，下臂是否离开托架。

（4）起重吊钩是否收紧到位，吊钩是否挂入固定吊钩环内。

（5）检查各液压油路是否有漏油、渗油现象。

（6）高空作业车的支腿是否收回到位。

（7）检查回转平台上是否有影响转台正常回转的物体及杂物。

（8）检查高空作业车工作斗是否与臂在统一方向。

（9）绝缘斗臂车绝缘臂、绝缘斗是否清洁干净、干燥；斗上是否有遗留物影响作业车安全作业。

（10）检查接地装置是否完好，固定是否牢靠。

二、例行检查

（1）按高空作业车说明书中的"正常工作条件"进行检查。

（2）按说明书的"高空作业车润滑"内的规定内容，对各部件进行润滑。

（3）检查液压油是否充足。

（4）检查发电机是否能正常工作。

（5）检查安全系统是否正常。

（6）检查液压传动、回转系统是否正常。

（7）检查升降系统、伸缩系统工作是否正常。

（8）检查取力装置是否正常工作。

第二节　安　全　规　定

一、高空作业车一般规定

高空作业车在操作过程中必须遵循其特有的规定和要求，因此对高空作业车本身的工作状态进行规定：

（1）工作人员进入工作斗后，必须系好安全带，严禁超载（人和物）。

（2）当上臂与水平夹角大于等于 $70°\pm5°$ 时，控制上臂升、下臂降、电磁阀的线圈自动断电，不能动作。总之上臂不允许相对水平大于等于 $70°\pm5°$。

（3）起重作业时，应先将上臂升起至相对位置再升下臂，伸缩臂动作前必须把起重吊钩降到一米以上位置，以免撑断钢丝绳。

（4）转台回转前，必须使下臂离开托架。

（5）起升工作臂（包括下臂离开托架前）时，一般先升上臂，再升下臂，交替上升，直至需要的工作高度，不允许在下臂升足后再升上臂或在上臂升足后再升下臂。

（6）在升降臂和回转前，必须确认周围环境状况良好，方可进行操作。

（7）上臂、下臂伸缩高度和伸缩半径必须符合不同型号车辆使用的规定。

二、高空作业车操作安全规定

目前我国高空作业车被广泛应用于工程施工、电力抢修、抗洪、抗台风等。如电力系统中用于配电线路带电作业，在变电站用于安装构架、母线、搭接金具、清洗高压绝缘套管和绝缘子的污秽等工作，在城市道路照明中用于起吊路灯杆，安装路灯。有些单位的高空作业车用于 10kV 线路的运行与维护工作。在作业中存在一些不安全因素，甚至严重超出高空作业车本身的使用范围，严重威胁人身、设备的安全。因此提出下列规定：

（1）未经驾驶培训合格者、未经高空作业车作业安全培训合格者不得操作高空作业车。

（2）违反高空作业车使用说明书的有关规定者严禁进行操作，严禁车辆带故障作业。在作业前必须仔细阅读高空作业车的使用说明书，然后按说明书的要求进行操作。

（3）严禁水平支腿和垂直支腿不伸出（支撑）的情况下进行起重和高处作业。

水平支腿和垂直支腿不伸出（支撑）的情况下进行起重和高处作业的情况在实际生产中普遍存在，这是非常危险的，应坚决制止。尤其是道路照明安装与检修作业，车辆大部分都停在公路或城市道路中间，作业车辆随时都有可能被行驶的车辆撞击，可能造成严重后果，如图 5-1 所示。

图 5-1　严禁支腿未伸出支撑进行作业

（4）严禁工作斗超载使用。一般高空作业车的工作斗只能承载 200kg，但在工程施工与检修过程中很多单位的施工人员为了方便把较重的物体放置于斗中，比如使用道路照明检修车辆时，有些工作人员把灯具等物体常年放在斗内，不加以清洗，甚至把较重的设备放在斗内，这将导致严重超载或损坏工作斗。

（5）操作人员在工作斗中作业时不得失去安全带的保护。根据《安规》规定，高处作业人员不得失去安全带的保护，如图 5-2 所示，且安全带必须系在牢固的物件上。

（6）严禁在超过起重特性曲线范围内进行起吊作业。在起重前必须读懂高空作业车起重特性曲线范围，根据实际重量和实际情况选择起吊范围进行起吊作业。

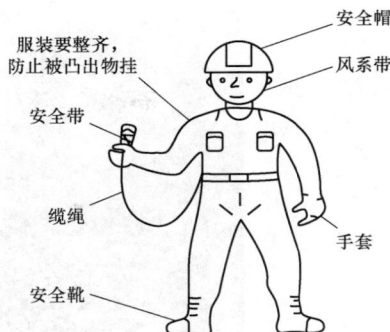

图 5-2　高处作业人员必须系安全带

（7）严禁用吊钩横向拖拉重物。在实际工作中有些单位的操作工人为了方便把作业车的钓钩用来拖拉较重的物体，电力施工中用来拖拉导线等，这是绝对禁止的，如图 5-3 所示。

图 5-3　严禁用吊钩横向拖拉重物

（8）严禁起重、登高同时作业。高空作业车车辆使用规定：在起重作业过程中严禁作业人员在工作斗内进行作业（除绝缘斗臂车小吊起重作业），为了不下工作斗或思想麻痹，作业人员始终站在斗内，这是错误的，如图 5-4 所示。

（9）严禁在取力齿轮未脱离的状态下行驶车辆。在高空作业车行驶前必须将取力器与齿轮脱离，只有在取力器脱离的状态下车辆才能行驶。

（10）严禁工作臂、工作斗、支腿未收至行驶状态的情况下行驶车辆。在道路照明、带电作业、变电安装施工作业中，工作人员为了图方便，往往将工作

133

图 5-4 严禁起重、登高同时作业

臂、工作斗、支腿未收至行驶状态的情况下行驶车辆，这是很危险的，如图 5-5所示。

图 5-5 严禁工作臂、工作斗、支腿未收至行驶状态下行驶车辆

（11）严禁工作斗摆动机构的插销轴未插上就行驶车辆。根据不同的车型，有的高空作业车工作斗有插销，有的工作斗没有插销。有插销的车辆在行驶过程中必须要插上插销才能行驶。

（12）严禁用起重装置拔电线杆等物。月起重装置拔电线杆是非常危险的，有很多单位不仅作业人员操作高空作业车进行拔杆，甚至领导或工作负责人都参与指挥这项工作，这是绝对不允许的，各单位的领导、工作负责人及相关人员应严加防范，以免发生安全事故，如图 5-6 所示。

（13）严禁在放下垂直支腿后，再伸出水平支腿，或在没有收回垂直支腿的情况下收水平支腿。现场工作人员长期在野外工作，由于工作时间较长，有时会注意力不集中，导致操作支腿发生错误，先放下垂直支腿，再伸出水平支腿，这样就会拉坏垂直支腿，因此操作上切记错误操作。

（14）严禁在没有松开吊钩钢丝绳的情况下将伸缩臂外伸。高处作业有关技术规定，当伸缩臂向外伸缩时吊钩钢丝绳不随臂外伸，而是固定不变的，因

图5-6　严禁用起重装置拔电线杆

此作业车的臂外伸时钢丝绳会绷得越来越紧，达到一定张力后钢丝绳就会被拉断。钢丝绳拉断后吊钩就会垂直掉落伤人或砸向汽车的挡风玻璃，这是绝对不允许出现的。

（15）严禁用工作斗或臂架抬举电线杆等物。用工作斗或臂架抬举电线杆等物违反了作业车的技术规定，但在生产单位有些作业人员时常会这样做，甚至有些单位作业人员或驾驶员明知道这样做是不安全的还是会违规操作，有些作业人员还将作业车借给线路施工单位作为跨越马路过导线的"专用工具"，如图5-7和图5-8所示。

图5-7　严禁用高空作业车作跨越
　　　　展放导线的支点

图5-8　错误使用作业车承载重物

135

（16）严禁上臂与水平夹角超过 70°±5° 时，进行作业。高空作业车的有关技术性能规定，上臂与水平夹角超过 70°±5° 时，严禁进行作业。

（17）严禁在汽车挡风玻璃处松开吊钩钢丝绳。作业车在行驶或停止过程中严禁在汽车挡风玻璃处松开吊钩钢丝绳，如图 5-9 所示。

图 5-9　严禁在挡风玻璃处松开吊钩钢丝绳

（18）严禁车辆超载。顾名思义高空作业车是用来进行高处作业时使用的，但实际上几乎所有高空作业车使用单位都或多或少的将其用来装载电杆或路灯杆等比较重的物体，甚至超载使用，如图 5-10 所示。建议有关单位严加检查，禁止超载使用。

图 5-10　严禁超载

（19）严禁在起重吊钩吊起重物的情况下伸缩伸缩臂。否则将损坏伸缩臂及其他零部件。

（20）严禁在回转台周围放置杂物，以防止被夹入回转机构，造成车辆损坏，如图 5-11 所示。

图 5-11　严禁在回转台周围放置杂物

（21）严禁自行改造车辆。少数单位为了高空作业车能更好地为生产服务，追求可使用性和操作性，因此根据实际情况自行改造车辆，这样做是非常危险的，应严禁自行改造车辆。若有需求，建议同厂家联系，由厂家进行改造。

（22）严禁工作人员在工作斗内用梯子爬向其他建筑物或爬上梯子进行作业，如图 5-12 所示。

图 5-12　严禁工作斗内盘爬梯子作业

（23）车辆行驶过程中严禁作业人员站在工作斗内。

（24）严禁高空作业车在 7°以上斜坡的道路上停车作业。

第三节 保养、维护和管理

提高高空作业车的性能、确保高空作业车的行驶安全、作业安全对高空作业车的保养及维护是必须的，也是必要的，应加强高空作业车的日常管理以确保作业安全。

一、保养及检修

为了使车辆处于良好的状况，提高使用寿命，必须经常保养和检修。在保养中发现的故障要及时排除，禁止车辆带故障作业，以杜绝事故的发生。

1. 底盘部分的保养

按配套底盘的汽车使用说明书和质量保修手册里所要求的项目进行底盘部分的保养。

2. 日常检查保养项目

（1）进行外观目检，判定外形是否完好，焊接处有无裂缝或脱焊，有无油液泄漏痕迹。

（2）按润滑表的要求，润滑各部件或更换液压油。

（3）检查各机构（特别是工作斗平衡拉杆机构）的连接螺栓有无松动情况，拉杆有无磨损现象。

（4）检查上、下臂及伸缩油缸的软管连接情况是否正常。

（5）检查各液压元件和管路有无泄漏，如有应立即排除。

（6）检查电器操纵开关和手动操纵手柄是否灵活有效。

3. 安全控制系统的检修

臂动作到极限位置时，安全控制系统通过限位行程开关来可靠限制臂架的动作。

上臂限位行程开关在上、下臂交接处，即上臂端部和平衡拉杆的前支架上。当上臂与水平的夹角大于或等于 70°±5°时，该开关被压，此时控制上臂升、下臂降的电磁换向阀断电或油路卸荷，当再次错拨上臂升、下臂降的操作开关时，相应的阀不会动作，即相应的臂架也不会动作，如会动作，应立即停止作业，由专业人员进行检修，只有使上臂与水平的夹角小于 70°±5°（可升下臂或降上臂），行程开关被放松，作业才能正常。

4．液压系统的检查

（1）液压油的检查。液压系统工作的可靠性及液压元件的寿命与系统内液压油的清洁度有着极为密切的关系。液压系统内的绝大部分故障都是由于液压油内的杂质所引起的，所以在使用时应注意保持液压油的清洁度，并经常检查油液的状况。应定期检查工作油的水分、机械杂质、酸性。检查油质的方法是目测判定。若油液变色，产生雾状、混浊等，则油已变质，应更换新油。新车连续使用 1～2 个月后必须清洗或更换滤芯，连续进行两次后，可延长清洗或更换时间。正常油箱油面高度应距离油箱顶面 10mm 左右。

（2）液压油泄漏的排除。在系统中发现液压油有渗透现象，可按以下步骤检查并排除漏油因素。

1）拧紧接头或紧固螺钉。

2）仍有泄漏，拆开密封件，检查密封件安放是否正确。

3）还有泄漏，应检查与密封件相接触的元件端面、臂面是否平滑，有无破损、划痕、凹点，密封槽是否过高过深，元件外壳是否破裂等，如产生以上现象，应及时排除。

4）经以上三步仍解决不了，特别是一旦启动油泵，即产生滴油或流注现象，应考虑整个液压系统中有无堵塞和关闭，造成局部压力过高，冲破密封件。此时应逐段检查油路，并加以疏通。

应注意：

1）排除上述故障时，应先将上、下臂收回。必要时应对上下臂进行安全支撑或吊绑，以防出现意外事故。

2）排除故障应在油泵停止运转数分钟后进行。

3）保证零件和密封件的清洁度，且正确安装密封件，使密封件在拆除时不破坏、不扭曲、不压扁。

（3）常见故障的分析和排除方法。液压系统常见故障的分析和排除方法见表 5-1。

表 5-1　　　　　　　　　　常见故障的分析和排除方法

故障现象	原因	排除方法
液压系统出现压力不足	① 溢流阀（安全阀）开启压力过低； ② 油箱液面过低； ③ 系统（油缸及阀等）内有泄漏； ④ 油泵损坏； ⑤ 油温过高	① 调节溢流阀开关，提高压力； ② 添加新油； ③ 对系统顺次检查，排除内泄因素； ④ 检查油泵，进行检修或换新； ⑤ 停机休息

续表

故障现象	原因	排除方法
液压系统噪声严重	① 油面过低，进油管道有空气吸入； ② 油泵故障； ③ 油温过低或油已变质	① 添加新油，检查进油管道是否紧固； ② 检查或更换油泵； ③ 低速运转油泵使油温上升或更换新油
液压系统油温过高	① 满负荷运转过于频繁，环境温度过高； ② 溢流阀压力过高； ③ 油泵转速过高； ④ 内渗严重； ⑤ 各元件积灰过厚，有保温作用	① 适当停车冷却； ② 调整溢流阀压力； ③ 适当降低溢流阀压力； ④ 检修液压元件； ⑤ 消除元件、管道表面油灰
臂架自动下沉	① 油缸内泄； ② 液压锁锁不住； ③ 平衡阀失灵	① 更换油缸密封件或排除其他内泄因素； ② 检修或更换液压锁； ③ 检修或更换平衡阀
操作相应开关时，相应动作不动或关闭相应动作停不住	① 电路不通（或相应电磁阀的电路不通）； ② 相应电磁阀卡死	① 发动机及时熄火和关闭电源总开关； ② 检查电路和开关； ③ 拆洗相应的电磁阀
液压系统显示不通电	中心回转接头内的电刷不导电	拆检电刷
限位系统失灵	① 行程开关失灵； ② 线路不通； ③ 电磁阀卡死	① 检修或更换行程开关； ② 检查并接通断线处； ③ 检修、清洗电磁阀，必要时更换电磁阀

二、润滑

润滑是保证各部件工作性能和使用寿命极为重要的因素。按规定进行润滑，将大大减少机体的早期磨合和损坏，延长零件的使用寿命。底盘部分的润滑按配套底盘的汽车使用说明书进行，润滑方法见表 5-2。

表 5-2　　　　　　　　　　润滑部位及润滑方法

序号	润滑部位	润滑点数数量	润滑周期	润滑方法	润滑油种类
1	吊钩轴承	1	六个月	油枪注入	锂基润滑脂 ZL-2
2	吊钩滑轮轴	1	三个月	油枪注入	锂基润滑脂 ZL-2
3	钢丝绳滑轮	1	三个月	油枪注入	锂基润滑脂 ZL-2
4	上、下臂连接轴	2	一个月	油枪注入	锂基润滑脂 ZL-2
5	上臂油缸轴	2	一个月	油枪注入	锂基润滑脂 ZL-2
6	下臂油缸轴	2	一个月	油枪注入	锂基润滑脂 ZL-2
7	卷扬减速器	1	六个月	换油	L-CKE460

续表

序号	润滑部位	润滑点数数量	润滑周期	润滑方法	润滑油种类
8	下臂轴	2	一个月	油枪注入	锂基润滑脂 ZL－2
9	工作斗轴	2	一个月	油枪注入	锂基润滑脂 ZL－2
10	回转蜗轮箱	1	六个月	换油	L－CKE460
11	回转支承	4	两个月	油枪注入	锂基润滑脂 ZL－2
12	液压油箱	1	六个月（第一次 500h）	换油	L－HM32 中国北方地区冬季用 L－HM32 低倾点抗磨液压油

三、运输及保养

（1）高空作业车可以用自己的动力在公路上行驶。在长距离运输时，可以用火车或其他运输工具运载，但应该固定牢靠，并采取必要的防冻、防雨措施。

（2）高空作业车短期停放时应撑起支腿，保持前后桥钢板弹性。如长期处于不使用状态时，应采取以下保管措施：

1）经常擦去机体的灰尘和油灰，保持机体清洁。

2）将轮胎充足规定气压，应撑起支腿使轮胎离地，并将其余各油缸活塞杆全部缩回至最短位置。

3）将蓄电池取下，存放于干燥通风处，并定期检查及充电。

4）每月起动发动机一次，并空载运转各机构，观察是否正常。

5）高空作业车应放在库房内。如在雾天放置，应用防雨布遮盖。雨季加强检查，以防锈蚀。冬季要防冻、防风沙。

第四节　现 场 安 全 管 理

高空作业车一般作业场所大多数在城市道路、公路、变电所等地，现场比较复杂，尤其是城市街道，公共场所人来人往，车辆来往较多。对高空作业车和作业人员的安全构成重大威胁，实际工作中已发生过重大事故。因此对高空作业车的现场安全管理势在必行。

一、高空作业车现场停车检查

高空作业车行之作业现场后，作业人员必须对现场进行认真仔细的检查后方可进行停车操作。检查的内容有：

（1）检查作业地点地面是否坚固，尤其是车辆 4 个支腿的位置地面基础是否牢固。

（2）检查作业车作业时周围的环境是否符合作业要求。

（3）检查作业车作业时对电力线路的安全距离是否符合安全规定。

（4）检查交通车辆和人员过往情况，以便停车合理设置安全标志。

（5）确认车辆前后方向最大坡度是否在 7° 以内。

二、现场停车要求

（1）在土路基面上停车，四只支腿下面必须垫上钢垫板，水泥路面上停车在确保安全的情况下可以不垫垫板。

（2）车体离作业点水平距离宜保持 2.5m 以上。

（3）车辆在斜坡上停车，车辆朝下坡方向停，刹住刹车。在全部车轮下垫好三角块。垂直支腿放置时按从前支腿到后支腿的顺序进行，收回支腿则相反。确认车辆前后左右基本处于水平。

（4）靠近堤坎边停车，支腿最外边沿离堤坎边缘保持 1.0m 以上的距离。

（5）在城市道路上停车作业要考虑来往车辆行驶的宽度，特殊情况与交通部门联系采取封道措施。

（6）在公路上停车作业应与交通道路管理部门取得联系并采取相应的安全措施。

（7）靠近建筑物停车，作业车车体应与建筑物保持一定的安全距离。

三、高空作业车现场安全管理

高空作业车现场作业时，工作负责人应严格按照有关规定指挥作业，工作人员必须听从工作负责人的安排。必须履行现场作业安排，遵守安全规定。

（1）高空作业车尽量选择既水平又坚固的地方停车，并尽量靠近作业对象；作业时必须铺垫板加固支腿着地部位。

（2）与周围带电体保持规定的安全距离。

（3）高空作业车作业时必须将车接地。

（4）高空作业车作业时必须开启作业车安全指示灯，在车的前后、左右方向设置安全围栏，并悬挂安全警告牌，如图 5-13 所示。

（5）工作臂和工作斗下面严禁人员逗留或穿行，特别对过往行人严加防范。

（6）高空作业车工作臂在旋转过程中，臂中心离道路中心应保持 5m 以上的安全距离（根据不同的道路要求考虑安全距离）。

图 5-13　作业车作业时设置围栏、悬挂警告牌

（7）在城市街道上作业时，在来车 15m 的方向上设置警示牌。

（8）在高速公路上作业时，在来车方向 150m 处设置警示牌。

第六章　高空作业车交通安全及起重指挥

第一节　交　通　安　全

（1）机动车经公安机关交通管理部门登记后方可上道路行驶。尚未登记的机动车需要临时上道路行驶的，应当取得临时通行牌证。

（2）机动车在道路行驶时应当悬挂机动车号牌，放置检验合格标志、保险标志，并随车携带机动车行驶证。机动车号牌应当按照规定悬挂并保持清晰、完整，不得故意遮挡、污损。

（3）警车、消防车、救护车、工程车应当按照规定喷涂标志图案，安装警报器、标志灯具。

（4）驾驶人驾驶机动车上道路行驶前，应当对机动车的安全技术性能进行认真检查；不得驾驶安全设施不全或者机件不符合技术标准等有隐患的机动车。

（5）机动车驾驶人应当遵守道路交通安全法律、法规的规定，按照操作规范安全驾驶、文明驾驶。

饮酒、服用国家管制的精神药品或者麻醉药品，患有妨碍安全驾驶机动车的疾病，或者过度疲劳影响安全驾驶的，不得驾驶机动车。

任何人不得强迫、指示、纵容驾驶人违反道路交通安全法律、法规和机动车安全驾驶要求驾驶机动车。

（6）因工程建设需要占用、挖掘道路，或者跨越、穿越道路架设、增设管线设施，应当事先征得道路主管部门的同意；影响交通安全的，还应当征得公安机关交通管理部门的同意。

施工作业单位应当在经批准的路段和时间内施工作业，并在距离施工作业地点来车方向安全距离处设置明显的安全警示标志，采取防护措施；施工作业完毕后，应当迅速清除道路上的障碍物，消除安全隐患，经道路主管部门和公安机关交通部门验收合格，符合通行要求后，方可恢复通行。

（7）机动车上道路行驶，不得超过限速标志标明的最高时速。在没有限速的路段，应当保持安全车速。

夜间行驶或者在容易发生危险的路段行驶，以及遇有沙尘、冰雹、雨、雪、雾、结冰等气象条件时，应当降低行驶速度。

（8）机动车在道路上发生故障需要停车排除故障时，驾驶人应当立即开启危险报警闪光灯，将机动车移至不妨碍交通的地方停放；难以移动的，应当持续开启危险报警闪光灯，并在来车方向设置警告标志等措施扩大示警距离，必要时迅速报警。

（9）警车、消防车、救护车、工程救险车执行紧急任务时，可以使用报警器、标志灯具；在确保安全的前提下，不受行驶路线、行驶方向、行驶速度和信号灯的限制，其他车辆和行人应当让行。

（10）道路养护车辆、工程作业车进行作业时，在不影响过往车辆通行的前提下，其行驶路线和方向不受交通标志、标线限制，过往车辆和人员应当注意避让。

第二节　起　重　指　挥

一、名词术语解释

通用手势信号：指各种类型的起重机在起重吊运中普遍适用的指挥手势。

专用手势信号：指具有特殊的起升、变幅、回转机构的起重机单独使用的指挥手势。

吊钩（包括吊环、电磁吸盘、抓斗等）：指空钩以及负有载荷的吊钩。

起重机"前进"或"后退"："前进"指起重机向指挥人员开来；"后退"指起重机离开指挥人员。

前、后、左、右：在指挥语中、均以司机的位置为基准。

音响符号：

"——"表示大于 1s 的长声符号。

"●"表示小于 1s 的短声符号。

"○"表示停顿的符号。

二、起重指挥信号

起重指挥信号包括手势信号，音响信号和旗语信号、司机使用的音响信号。

1. 手势信号

手势信号是用手势与司机联系的信号，是起重机吊运的指挥语言，包括通用手势信号和专用手势信号。

（1）通用手势信号包括以下几种：

1）预备：手臂伸直置于头上方，五指自然分开，手心朝前保持不动。

2）要主钩：单手自然握拳置于头上，轻触头顶。

3）要副钩：一只手握拳小臂向上不动，另一只手伸出，手心轻触前只手的肘关节。

4）吊钩上升：小臂向侧上方伸直，五指自然伸开，高于肩部，以腕部为轴转动。

5）吊钩下降：手臂伸向侧前下方，与身体夹角约30°，五指自然伸开，以腕部为轴转动。

6）吊钩水平移动：小臂向侧前上方伸直，五指并拢手心朝外，朝负载运行的方向，向下挥动到与肩相平的位置。

7）吊钩微微上升：小臂伸向侧前上方，手心朝上高于肩部，以腕部为轴重复向上摆动手掌。

8）吊钩微微下降：手臂伸向侧前下方，与身体夹角约为30°，手心朝下，以腕部为轴重复向下摆动手掌。

9）吊钩水平微微移动：小臂向侧上方自然伸出，五指并拢手心朝外，朝负载应运行的方向重复做缓慢的水平移动。

10）微动范围：双手小臂曲起，伸向一侧，五指伸直，手心相对，其间距与负载所要移动的距离接近。

11）指示降落方位：五指伸直，指出负载应降落的位置。

12）停止：小臂水平置于胸前，五指伸开，手心朝下，水平挥向一侧。

13）紧急停止：两小臂水平置于胸前，五指伸开，手心朝下，同时水平挥向两侧。

14）工作结束：双手五指伸开额前交叉。

（2）专用手势信号包括以下几种：

1）转臂：手臂水平伸直，指向应转臂的方向，拇指伸出，余指握拢，以腕部为轴转动。

2）升臂：手臂向一侧水平伸直，拇指朝上，余指握拢，小臂向上摆动。

3）降臂：手臂向一侧水平伸直，拇指朝下，余指握拢，小臂向下摆动。

4）微微转臂：一只手的小臂向前平伸，手心自然朝向内侧，另一只手的拇指指向前只手的手心，余指握拢做转动。

5）微微升臂：一只手的小臂向前置于胸前一侧，五指伸直，手心朝下，保持不动，另一只手的拇指对着前手心，余指握拢，做上下移动。

6）微微降臂：一只手的小臂向前置于胸前一侧，五指伸直，手心朝上，保持不动，另一只手的拇指对着前手心，余指握拢，做上下移动。

7）伸臂：两手分别握拳，拳心朝上，拇指分别向两侧，做相斥运动。

8）缩臂：两手分别握拳，拳心朝下，拇指对指，做相对运动。

9）履带起重机回转：一只小臂水平前伸，五指自然伸出不动，另一只手小臂在胸前做水平重复摆动。

10）抓取：两手小臂向前分别置于侧前方，手心相对，由两侧向中间摆动。

11）释放：两手小臂向前分别置于侧前方，手心朝外，两臂分别向两侧摆动。

12）翻转：一只手小臂向前曲起，手心朝上，另一只手小臂向前伸出，手心朝下，双手同时进行翻转。

13）起重机前进：双手臂先向前伸，小臂曲起，五指并拢，手心对着自己，做前后运动。

14）起重机后退：双小臂向前曲起，五指并拢，手心朝向起重机，做前后运动。

（3）船用起重机信号包括以下几种：

1）微速起钩：双小臂水平伸向侧前方，五指伸开，手心朝上，小臂以腕部为轴向上摆动，当要求双机以不同速度起升时，指挥起升速度快的一方，手要高于另一只手。

2）慢速起钩：双手小臂水平伸向侧前方，五指伸开，手心朝上，小臂以肘部为轴向上摆动。当要求双机以不同的速度起升时，指挥起升速度快的一方，手要高于另一只手。

3）全速起钩：两臂下垂，五指伸开，手心朝上，全臂向上挥动。

4）全速落钩：两臂伸向侧上方，五指伸出，手心朝下，全臂向下挥动。

5）一方停车，一方落钩：指挥停止的手臂作"停止"手势，指挥落钩的手臂则作相应的落钩手势。

6）一方停止，一方起钩：指挥停止的手臂作"停止"手势，指挥起钩的手臂则作相应的起钩手势。

7）微速落钩：两手小臂水平伸向侧前方，五指伸开，手心朝上，手以腕部为轴向下摆动，当要求双机以不同的速度降落时，指挥降落速度快的一方，手要低于另一只手。

8）慢速落钩：两手小臂水平伸向侧前方，五指伸开，手心朝下，小臂以肘部为轴向下摆动，当要求双机以不同的速度降落时，指挥降落速度快的一方，手要低于另一只手。

9）工作结束：双手五指伸开在额前交叉。

2. 旗语信号

（1）预备：单手持红绿旗上举。

（2）要主钩：单手持红绿旗，旗头轻触头顶。

（3）要副钩：一只手握拳小臂向上不动，另一只手持红绿旗，旗头轻触前只手的肘关节。

（4）吊钩上升：绿旗上举，红旗自然放下。

（5）吊钩下降：绿旗拢起下指，红旗自然放下。

（6）吊钩微微上升：绿旗上举，红旗拢起横在绿旗上，互相垂直。

（7）吊钩微微下降：绿旗拢起下指，红旗横在绿旗下，互相垂直。

（8）升臂：红旗上举，绿旗自然放下。

（9）降臂：红旗拢起下指，绿旗自然放下。

（10）转臂：红旗拢在水平指向应转臂的方向。

（11）微微升臂：红旗上举，绿旗拢起横在红旗上，互相垂直。

（12）微微降臂：红旗拢起下指，绿旗横在红旗下，互相垂直。

（13）微微转臂：红旗拢起，横在腹前指向应转臂的方向，绿旗拢起，横在红旗前，互相垂直。

（14）伸臂：两旗分别拢起横在两侧，旗头对指。

（15）缩臂：两旗分别拢起横在胸前，旗头对指。

（16）停止：单旗左右摆动（另外一面旗自然放下）。

（17）紧急停业：双手分别持旗，同时左右摆动。

（18）工作结束：两旗拢起在额前交叉。

（19）起重机前进：两旗分别拢起向前上方伸出，旗头由前上方向后摆动。

（20）起重机后退：两旗分别拢起向前伸出，旗头由前方向下摆动。

（21）微动范围：两手分别拢旗向前伸向一侧，其间距与负载所要移动的距离接近。

（22）指示降落方位：单手拢绿旗指向负载应降落的位置，旗头转动。

（23）履带起重机回转：一只手拢旗水平指向侧前方，另一只手持旗，水平重复挥动。

3. 音响信号

（1）"预备""停止"为一长声：——。

（2）"上升"为二短声：●●。

（3）"下降"为三短声：●●●。

（4）"微动"为断续短声：●○●○●○●。

（5）"紧急停止"为急促的长声：–––––––––––。

4. 司机使用的音响信号

（1）"明白"，即服从指挥：短声●。

（2）"重复"，即请求重新发出信号：短声●●。

（3）"注意"，即长声：——。

三、起重指挥的相互配合

1. 指挥信号的配合应用

在工作中，指挥人员有时需要把音响信号与手势或旗语信号配合使用，其规定如下：

（1）在发出上升音响时，可分别与"吊钩上升""升臂""伸臂""抓取"手势或旗语相配合。

（2）在发出下降音响时，可分别与"吊钩下降""降臂""缩臂""释放"手势或旗语相配合。

（3）在发出微动信号时，可分别与"吊钩微微上升""吊钩微微下降""吊钩水平微微移动""微微开臂""微微降臂"手势或旗语相配合。

（4）在发出紧急停止音响时，可与"紧急停止"手势或旗语相配合。

（5）在发出"预备""停止"音响信号时，均可与上述规定的手势或旗语相配合。

2. 指挥人员与司机之间的配合

（1）指挥人员发出"预备"信号时，要目视司机，司机街道信号在开始工作前，应回答"明白"信号，当指挥人员听到回答信号后，方可进行指挥。

（2）指挥人员在发出"要主钩""要副钩""微微动范围"手势或旗语时，同时可发出"预备"音响信号，司机接到信号后，再准确操作。

（3）指挥人员在发出"工作结束"的手势或旗语时，要目视司机，同时可发出"停止"音响信号，司机接到信号后，应回答"明白"信号方可离开岗位。

（4）指挥人员要求起重机机械微微移动时，可根据需要重复作出信号，司机应按信号要求缓慢平移操纵准备。除此之外，如有特殊要求，指挥人员都应一次性给出其主指挥信号。司机在接到下一个信号前必须按原指挥信号要求操纵。

3. 对使用信号的基本规定

（1）指挥人员使用手势信号均以本人的手心、手指或手臂表示吊钩、臂杆和机械位移的运行方向。

（2）指挥人员运用旗语信号均以指挥旗的旗头表示吊钩、臂杆和机械位移的运行方向。

（3）在同时指挥臂杆和吊钩时，指挥人员必须分别用左手指挥臂杆，右手指挥吊钩。当持旗指挥时，一般左手持红旗指挥臂杆，右手持绿旗指挥吊钩。

（4）当两台或两台以上起重机同时在距离较近的工作区域工作时，指挥人员使用音响信号的音调应明显区别，并要配合手势或旗语指挥。严禁单独使用相同音调的音响指挥。

（5）当两台或两台以上起重机同时在距离较近的工作区域内工作时，司机发出的音响应有明显区别。

（6）指挥人员用"起重吊运指挥语言"指挥时，应讲普通话。

附录一　现场标准化作业卡封面格式

编号：DDZY/×××××××××××

主标题
副标题

编写：＿＿＿＿＿＿＿　　＿＿＿＿年　＿＿月　＿＿日
＿＿＿＿＿＿＿＿＿＿＿＿＿＿＿＿＿＿＿＿＿＿＿

审核：＿＿＿＿＿＿＿　　＿＿＿＿年　＿＿月　＿＿日
＿＿＿＿＿＿＿＿＿＿＿＿＿＿＿＿＿＿＿＿＿＿＿

批准：＿＿＿＿＿＿＿　　＿＿＿＿年　＿＿月　＿＿日
＿＿＿＿＿＿＿＿＿＿＿＿＿＿＿＿＿＿＿＿＿＿＿

作业负责人：＿＿＿＿＿＿＿

作业时间：　　年　　月　　日　　时至　　年　　月　　日　　时

××供电公司×××

附录二　现场标准化作业卡示例

编号：DDZY/××××××××××

绝缘斗臂车绝缘手套直接作业法直线杆更换组件

10kV×××线××杆更换支持绝缘子

编写：　　　　　　　　年　　　月　　　日

审核：　　　　　　　　年　　　月　　　日

批准：　　　　　　　　年　　　月　　　日

作业负责人：

作业时间：　　年　　月　　日　　时至　　年　　月　　日　　时

××供电公司×××

152

1. 范围

对现场标准化作业卡的应用范围做出具体的规定，应指明装置名称、工作内容、作业方式。如：本现场标准化作业卡针对"10kV××线××杆"使用绝缘斗臂车绝缘手套直接作业法"更换支持绝缘子"工作编写而成，仅适用于该项工作。

2. 引用文件

明确编写作业卡所引用的法规、规程、标准、设备说明书及企业管理规定和文件，按标准格式列出。如："DL 409—1991 电业安全工作规程（电力线路部分）"。

3. 前期准备

3.1　作业人员

规定本次作业中作业人员数量及相关要求。

3.2　作业人员要求

规定作业人员的精神状态；规定作业人员的资格，包括作业技能、安全资质等。格式如下表所示。

√	序号	责任人	资质	人数

3.3　作业人员分工

规定作业人员在本次作业中工作分工，现场工作负责人"三交三查"后，班组成员签名确认。

√	序号	责任人	分工	责任人签名

3.4　作业中人员岗位分布图

综合性作业（如综合性旁路作业）涉及几个工作面，作业人员较多时，为有条理地组织工作，宜采用"人员岗位分布图"指明各工作成员的位置及各位置所需工器具等。

3.5　工器具

为防止将不合格工器具带出引起工作安全隐患及防止漏带，出工前领用时应对工器具和材料逐项清点数量并作外观检查。检查对象包括个人安全防护用具、一般工器具、绝缘遮蔽工具、绝缘工具、材料等。备注栏也可作为现场检测工器具时记录用。

3.5.1 个人安全防护用具

√	序号	名称	规格/编号	单位	数量	备注

3.5.2 常备器具

每次作业需要带的器具，如防潮垫等。

√	序号	名称	规格/编号	单位	数量	备注

3.5.3 绝缘遮蔽工具

√	序号	名称	规格/编号	单位	数量	备注

3.5.4 绝缘工具

绝缘工具指主绝缘工具。

√	序号	名称	规格/编号	单位	数量	备注

3.6 普通工器具

普通工器具常规的线路施工所需工器具，如扳手等。

√	序号	名称	规格/编号	单位	数量	备注

3.7 材料

材料包括装置性材料和消耗性材料。

√	序号	名称	规格/编号	单位	数量	备注

4. 流程图

综合性作业（如综合性旁路作业）由多个工作环节组成或几个工作面或涉

及多个班组的，为明晰现场作业的检修顺序、安全措施，有条理地组织工作，宜使用流程图。

5. 作业程序和标准

作业程序和标准内容包括作业步骤、工艺、质量标准等。为了使危险点控制措施落到实处，在每个步骤中必须进行危险点分析，并写明控制措施。

5.1 开工准备

开工准备包括现场再次勘查、安全措施的落实、工作许可、站班会、现场布置、工器具检查等。

√	序号	作业内容	步骤及要求	危险点及控制措施（或注意事项）

5.2 作业过程

作业过程应符合"精益化"的要求。步骤不宜太细，太细不利于现场指挥和监护；太粗略则不能体现本次作业中的特殊要求，不利于现场作业危险点控制。作业过程应体现本次作业的重点、难点。

5.2.1 作业过程的行文要求

（1）作为 10kV 配电线路带电作业的技术措施，绝缘遮蔽、隔离措施的实施和拆除必须作为单独的步骤来写。

（2）应使用完整的句式，即每个步骤的描述语句应主、谓、宾齐全，以明确每个作业人员的职责。

（3）前后要有呼应，如××条步骤："斗内 1 号作业人员在'××部位'使用××设置绝缘遮蔽、隔离措施"，则应有相对应的后续步骤："斗内 1 号作业人员在'××部位'使用××撤除绝缘遮蔽、隔离措施"。

5.2.2 格式

√	序号	作业内容	步骤及要求	危险点控制措施、注意事项

5.3 工作结束

本部分规定工作结束后注意事项，如清理工作现场、清点工具、回收材料、办理工作票等。

√	序号	作业内容	步骤及要求	危险点控制措施、注意事项

6. 验收记录

记录检修结果，对检修质量作出整体评价，记录存在的问题及处理意见。

记录检修中发现的问题	
存在问题及处理意见	

7. 现场标准化作业卡执行情况评估

评估内容	符合性	优		可操作项	
		良		不可操作项	
	可操作性	优		修改项	
		良		遗漏项	
存在问题					
改进意见					

8. 附录

（根据需要添加，如现场装置照片等。）

附录三　现场标准化作业实例

编号：DDZY/×××××××××××

绝缘斗臂车绝缘手套直接作业法耐张杆耐张作业❶

10kV×××线××杆直线开分断改耐张

编写：　　　　　　　年　　月　　日

审核：　　　　　　　年　　月　　日

批准：　　　　　　　年　　月　　日

作业负责人：

作业时间：　年　月　日　时至　　年　月　日　时

×× 供电公司 ×××

---

❶ 装置说明：绝缘导线，直线杆、单回路三角排列、单横担。

157

1. 范围

本现场标准化作业指导书针对"10kV××线××杆"使用绝缘斗臂车绝缘手套直接作业法"直线开分断改耐张"工作编写而成，仅适用于该项工作。

2. 引用文件

下列文件中的条款通过本作业指导书的引用而成为本作业指导书的条款。

GB 50173—1992《电气装置安装工程 35kV 及以下架空电力线路施工及验收规范》

GB/T 18857—2003《配电线路带电作业技术导则》

GB/T 2900.55—2002《作业人员术语 带电作业》

DL 409—1991《电业安全工作规程（电力线路部分）》

DL/T 601—1996《架空绝缘配电线路设计技术规程》

DL/T 602—1996《架空绝缘配电线路施工及验收规程》

Q/GDW 1799.2—2013《国家电网公司电力安全工作规程（线路部分）》

《国家电网公司带电作业工作管理规定（试行）》

《现场标准化作业指导书编制导则（试行）》

3. 前期准备

3.1 作业人员

3.1.1 作业人员要求

✓	序号	责任人	资质	人数
	1	工作负责人（监护人）	应具有 3 年以上的配电带电作业实际工作经验，熟悉设备状况，具有一定组织能力和事故处理能力，并经工作负责人的专门培训，考试合格	1
	2	工作监护人	应经工作负责人的专门培训，考试合格	1
	3	1 号车斗内 1 号作业人员	应通过 10kV 配电线路带电作业专项培训，考试合格并持有上岗证	1
	4	1 号车斗内 2 号作业人员	应通过 10kV 配电线路带电作业专项培训，考试合格并持有上岗证	1
	5	2 号车斗内 1 号作业人员	应通过 10kV 配电线路带电作业专项培训，考试合格并持有上岗证	1
	6	2 号车斗内 2 号作业人员	应通过 10kV 配电线路带电作业专项培训，考试合格并持有上岗证	1
	7	地面作业人员	应通过 10kV 配电线路专项培训，考试合格并持有上岗证	1

3.1.2　作业人员分工

√	序号	责任人	分工	责任人签名
	1	×××	工作负责人（监护人）	
	2	×××	工作监护人	
	3	×××	1号车斗内1号作业人员	
	4	×××	1号车斗内2号作业人员	
	5	×××	2号车斗内1号作业人员	
	6	×××	2号车斗内2号作业人员	
	7	×××	地面作业人员	

3.2　工器具

出库时应进行外观检查，并确定是在合格的试验周期内。

3.2.1　个人安全防护用具

√	序号	名称	规格/编号	单位	数量	备注
	1	绝缘安全帽		顶	1/人	
	2	绝缘披肩（或绝缘服）		件	4	
	3	绝缘手套（戴防护手套）		副	4	
	4	绝缘安全带		根	4	

3.2.2　常备器具

√	序号	名称	规格/编号	单位	数量	备注
	1	防潮垫		块	1	
	2	绝缘电阻测试仪	2500V	台	1	
	3	风速仪		只	1	
	4	温、湿度计		只	1	
	5	对讲机		部	3	
	6	安全遮栏、安全围绳、标示牌		副	若干	
	7	干燥清洁布		块	若干	
	8	电流表		只	1	
	9	绝缘斗臂车		台	2	

3.2.3　绝缘遮蔽工具

√	序号	名称	规格/编号	单位	数量	备注
	1	绝缘毯		块	12	
	2	导线遮蔽管		根	3	
	3	绝缘夹		只	若干	

3.2.4　绝缘工具

√	序号	名称	规格/编号	单位	数量	备注
	1	绝缘斗臂车		辆	2	
	2	绝缘吊绳		根	2	
	3	绝缘断线剪		把	2	
	4	绝缘引流线		根	1	根据导线型号和载流量适配

3.2.5　工器具

工器具指常规的线路施工所需工器具,如扳手等。

√	序号	名称	规格/编号	单位	数量	备注
	1	个人工具		套	套/1人	
	2	紧线器		副	4	

3.3　材料

材料包括装置性材料和消耗性材料。

√	序号	名称	规格/编号	单位	数量	备注
	1	高压横担		块	1	
	2	拉铁		块	3	
	3	耐张金具及绝缘子		套	6	
	4	对销		根	2	
	5	螺栓		只	若干	根据装置配置
	6	线夹		只	若干	
	7	绝缘引流线		根	3	根据导线型号配置
	8	绝缘罩		只	若干	

4. 作业程序

4.1 开工准备

√	序号	作业内容	步骤及要求	危险点控制措施、注意事项
	1	工作负责人现场复勘	工作负责人核对工作线路双重命名、杆号	
			工作负责人检查环境是否符合作业要求	
			工作负责人检查线路装置是否具备带电作业条件	
			工作负责人检查气象条件	① 天气应晴好，无雷、雨、雪、雾； ② 气温 −5～35℃； ③ 风力≤5 级； ④ 空气相对湿度小于 80%
			检查工作票所列安全措施，必要时在工作票上补充安全技术措施	
	2	工作负责人执行工作许可制度	工作负责人与调度联系，获得调度工作许可	确认作业线路重合闸已退出
	3	工作负责人召开现场站班会	工作负责人宣读工作票	
			工作负责人检查工作班组成员精神状态、交代工作任务进行分工、交代工作中的安全措施和技术措施	工作班成员应佩戴袖标
			工作负责人检查班组各成员对工作任务分工、工作中的安全措施和技术措施是否明确	
			班组各成员在工作票和作业卡上签名确认	
	4	布置工作现场	工作现场设置安全护栏、作业标志和相关警示标志	
	5	斗臂车操作人员停放绝缘斗臂车	斗臂车操作人员将 1 号、2 号绝缘斗臂车位置停放到最佳位置	① 应便于绝缘斗臂车工作斗达到作业位置，避开附近电力线和障碍物； ② 避免停放在沟道盖板上； ③ 软土地面应使用垫块或枕木，垫放时垫板重叠不超过 2 块，成 45°角； ④ 停放位置如为坡地，停放位置坡度应小于 7°，绝缘斗臂车车头应朝下坡方向停放
			斗臂车操作人员操作绝缘斗臂车，支腿	① 支腿顺序应正确："H"形支腿的车型，应先伸出水平支腿，再伸出垂直支腿； ② 在坡地停放，应先支前支腿，后支后支腿； ③ 支撑应到位，车辆前后、左右呈水平；"H"形支腿的车型四轮应离地。坡地停放调整水平后，车辆前后高度应小于 3°
			斗臂车操作人员将绝缘斗臂车可靠接地	临时接地体埋深应不少于 0.6m

√	序号	作业内容	步骤及要求	危险点控制措施、注意事项
	6	工作负责人组织班组成员检查工器具	班组成员按要求将绝缘工器具摆放在防潮垫（毯）上	① 防潮垫（毯）应清洁、干燥； ② 绝缘工器具不能与金属工具、材料混放
			班组成员对绝缘工器具进行外观检查：绝缘工具应不变形损坏，操作灵活，测量准确；个人安全防护用具和遮蔽、隔离用具应无针孔、砂眼、裂纹。 检查绝缘安全带外观，并作冲击试验	检查人员应戴清洁、干燥的手套
			使用绝缘电阻测试仪对绝缘工器具进行表面绝缘电阻检测：阻值不得低于 700MΩ	① 正确使用绝缘电阻测试仪； ② 测量电极应符合规程要求
	7	绝缘斗臂车操作人员检查绝缘斗臂车	检查绝缘斗臂车表面状况：绝缘部分应清洁、无裂纹损伤	
	8	斗内作业人员进入绝缘斗臂车工作斗	斗内作业人员穿戴个人安全防护用具	应戴好绝缘帽、绝缘手套等个人安全防护用具
			斗内作业人员携带工器具进入工作斗，将工器具分类放置在斗中和工具袋中	金属材料、化学物品、金属部分超出工作斗的绝缘工器具禁止带入工作斗
			斗内作业人员系好绝缘安全带	应系在斗内专用挂钩上

4.2 作业过程

√	序号	作业内容	步骤及要求	危险点控制措施、注意事项
	1	设置绝缘遮蔽	1 号、2 号车斗内 1 号作业人员按照内边相、外边相、中间相的顺序对带电导线、绝缘子用导线遮蔽管、绝缘毯等进行绝缘遮蔽，然后安装绝缘支架。 用电流表测量线路电流，验证引流线配置。 如导线弛度正常、直线无弯度，且同杆无低压及弱电线路架设，可以将两边相导线用导线遮蔽管遮蔽后放下横担	① 1 号、2 号车斗内作业人员应同相进行，用夹子固定好，保证绝缘遮蔽严密； ② 如同杆有低压或弱电线路架设，禁止放下导线； ③ 下放导线时应缓慢、稳妥
	2	加装双横担及耐张金具、绝缘子	1 号、2 号车内的 1 号作业人员对向配合将中相导线绑线拆除放在绝缘支架上。 1 号、2 号车内的 2 号作业人员对向配合安装双横担及耐张金具、绝缘子。 安装完成后，对横担用绝缘毯进行绝缘遮蔽	过程中应避免碰及绝缘遮蔽的部位

√	序号	作业内容	步骤及要求	危险点控制措施、注意事项
	3	中间相导线开分断改耐张	1号、2号车斗内1号作业人员安装中间相绝缘引流线，用电流表确认分流电流	绝缘引流线应固定在做好绝缘遮蔽的横担上，挂接引流线时，两侧应同相、同步进行，应视引流线端头带电，端头与导线接头必须拧紧
			1号、2号车斗内1号作业人员配合收紧中相导线，并在导线两侧加装保护紧线器，然后在中间部位开断导线，做好耐张端	开端导线后以及在做耐张端头的过程中，必须注意控制好导线头。防止和邻相导线以及接地部位距离太近
			1号、2号车斗内1号作业人员配合搭接好中间相导线的跳线搭头，装好绝缘罩	搭接过程中应始终注意控制好导线
			1号、2号车斗内1号作业人员同时拆除中间相导线的引流线	两侧应同步进行
	4	外边相导线开分断改耐张	1号、2号车斗内1号作业人员安装外边相绝缘引流线，用电流表确认分流电流	绝缘引流线应固定在做好绝缘遮蔽的横担上，挂接引流线时，两侧应同相、同步进行，应视引流线端头带电，端头与导线接头必须拧紧
			1号、2号车斗内1号作业人员配合收紧外边相导线，并在导线两侧加装保护紧线器，然后在中间部位开断导线，做好耐张端	开端导线后以及在做耐张端头的过程中，必须注意控制好导线头。防止和邻相导线以及接地部位距离太近
			1号、2号车斗内1号作业人员配合搭接好外边相导线的跳线搭头，装好绝缘罩	搭接过程中应始终注意控制好导线
			1号、2号车斗内1号作业人员同时拆除外边相导线的引流线	两侧应同步进行
	5	内边相导线开分断改耐张	1号、2号车斗内1号作业人员安装内边相绝缘引流线，用电流表确认分流电流	绝缘引流线应固定在做好绝缘遮蔽的横担上，挂接引流线时，两侧应同相、同步进行，应视引流线端头带电，端头与导线接头必须拧紧
			1号、2号车斗内1号作业人员配合收紧内边相导线，并在导线两侧加装保护紧线器，然后在中间部位开断导线，做好耐张端	① 开端导线后以及在做耐张端头的过程中，必须注意控制好导线头；② 防止和邻相导线以及接地部位距离太近
			1号、2号车斗内1号作业人员配合搭接好边相导线的跳线搭头，装好绝缘罩	搭接过程中应始终注意控制好导线
			1号、2号车斗内1号作业人员同时拆除边相导线的引流线	两侧应同步进行
	6	拆除绝缘遮蔽	上述作业完成后，1号、2号车斗内1号作业人员取得工作监护人同意后按照中间相、外边相、内边相的顺序拆除横担和导线上的绝缘遮蔽用具	① 按照先上后下、先远后近、先小后大、先接地部位后带电部位的原则进行；② 1号、2号车斗内作业人员应同相进行

续表

√	序号	作业内容	步骤及要求	危险点控制措施、注意事项
	7	撤离杆塔	斗内作业人员检查确认线路设备运行正常，无遗漏或缺陷后，撤离有电区域，返回地面	下降工作斗、收回绝缘臂时应注意绝缘斗臂车周围杆塔、线路等情况

4.3 工作结束

√	序号	作业内容	步骤及要求	危险点控制措施、注意事项
	1	工作负责人组织班组成员清理工具和现场	绝缘斗臂车各部件复位，收回绝缘斗臂车支腿	① 在坡地停放，应先收后支腿，后收前支腿；② 支腿收回顺序应正确："H"形支腿的车型，应先收回垂直支腿，再收回水平支腿
			① 整理工具、材料；② 将工器具清洁后放入专用的箱（袋）中；③ 清理现场	
	2	工作负责人办理工作终结	向调度汇报工作结束，并终结工作票	
	3	工作负责人召开收工会		
	4	作业人员撤离现场		

5. 验收记录

记录检修中发现的问题	
存在问题及处理意见	

6. 现场标准化作业指导书执行情况评估

评估内容	符合性	优		可操作项	
		良		不可操作项	
	可操作性	优		修改项	
		良		遗漏项	
存在问题					
改进意见					

7. 附录

（根据需要添加，如现场照片等。）